Compil' des sujets de l'épreuve E41 de 2017 à 2020

Mis à jour 2021

2017   Métropole : cas **FITNESS PRO**
Nouvelle Calédonie : cas **ACCEMODA**

2018   Métropole : cas **FOONSEN TRADING**
Nouvelle Calédonie : cas **HYSHOP**

2019   Métropole : cas **AU SOIN DE SOIE**
Nouvelle Calédonie : cas **CHAUFF-EST**

2020   Métropole : cas **FIDEC**
Nouvelle Calédonie : cas **DÉCAP'TOUT**

BREVET DE TECHNICIEN SUPÉRIEUR
COMPTABILITÉ ET GESTION

ÉPREUVE U41

ÉTUDE DE CAS

SESSION 2017

Durée : 4 heures
Coefficient 6

Matériel autorisé :
Une calculatrice de poche à fonctionnement autonome, sans imprimante et sans aucun moyen de transmission,
(Circulaire n°99-186 du 16 novembre 1999 ; BOEN n°42), à l'exclusion de tout autre matériel.

Document autorisé :
Liste des comptes du plan comptable général, à l'exclusion de toute autre information.

Dès que le sujet vous est remis, assurez-vous qu'il est complet.
Le sujet comporte 19 pages, numérotées de 1/19 à 19/19.

ÉPREUVE E41 - Étude de cas

Durée : 4 heures
Coefficient : 6

Le sujet se présente sous la forme de 3 missions indépendantes

Page de garde	p.1
Présentation de l'entreprise	p. 2 à 3
MISSION 1 : Gestion des opérations comptables et fiscales (45 points)	p. 4
MISSION 2 : Gestion des opérations de fin d'exercice (35 points)	p. 4
MISSION 3 : Gestion sociale (40 points)	p. 4

ANNEXES

A - Documentation comptable, financière, fiscale et sociale associée à la situation

MISSION 1 : Gestion des opérations comptables et fiscales - Annexes A1 à A4	p. 5 à 8
MISSION 2 : Gestion des opérations de fin d'exercice - Annexes A1, A5 à A10	p. 9 à 10
MISSION 3 : Gestion sociale - Annexes A11 à A17	p. 11 à 14

B – Documentation technique - comptable, fiscale, sociale, informatique

MISSION 1 : Annexe B1 (Documentation comptable)	p. 15 à 16
MISSION 2 : Annexe B1 (Documentation comptable)	p. 15 à 16
Annexe B2 (Documentation informatique – memento SQL)	p. 17
MISSION 3 : Annexe B3 (Documentation sociale)	p. 18

C - Annexes à rendre avec la copie

MISSION 1 : Annexe C1	p. 19

Les annexes à rendre sont fournies en un exemplaire. Il ne sera pas distribué d'exemplaires supplémentaires.

AVERTISSEMENTS

Il vous est demandé d'apporter un soin particulier à la présentation de votre copie. Toute information calculée devra être justifiée et les démarches devront être clairement décrites.
Les enregistrements comptables devront être présentés de façon structurée et indiquer les informations suivantes :
- Pour l'ensemble de l'opération : la date, le code journal et le libellé de l'opération,
- Pour chaque ligne de l'opération : le N° de compte général, le N° de compte de tiers (le cas échéant) et le montant "débit" ou "crédit".

Si le texte du sujet, de ses questions ou de ses annexes, vous conduit à formuler une ou plusieurs hypothèses, il vous est demandé de la (ou les) mentionner explicitement dans votre copie.

Présentation générale de l'entreprise

La SARL FITNESS PRO au capital de 40 000 € propose au centre-ville de Bergerac, différentes activités sportives en salle : musculation sur des appareils individuels et des cours collectifs (gymnastique, step, pilate, Crossfit).

Les clients souscrivent un abonnement annuel et règlent en douze prélèvements. Certains usagers bénéficient d'un abonnement payé par leur comité d'entreprise qui règle à 30 jours nets les prestations facturées.

La société vend également sur place une gamme de produits alimentaires protéinés et diététiques achetés auprès d'un fournisseur exclusif DIET DISTRIB.

Elle a été créée en 2013 par deux associés, M. Medhi FASOUAL et M. Olivier SARISSE.

Effectif	2 associés salariés à temps plein et 8 éducateurs sportifs embauchés à temps partiel
Clôture de l'exercice	31 décembre de chaque année
Régime fiscal en matière de TVA	L'entreprise est soumise au régime du réel normal et n'a pas opté pour les débits. Taux applicables : - Taux normal à 20 % pour les prestations de services et articles vestimentaires - Taux réduit à 5,5 % pour les produits protéinés et diététiques
Régime fiscal en matière d'imposition	Les bénéfices de la société sont soumis à l'impôt sur les sociétés.

Présentation des services de l'entreprise

M. FASOUAL, gérant, prend en charge l'organisation des activités sportives incluant la gestion des ressources humaines ainsi que les relations commerciales.

M. SARISSE assure quant à lui la tenue de la comptabilité courante, le suivi de la trésorerie, la réalisation des déclarations fiscales et sociales. Il s'occupe également des travaux d'inventaire et prépare le bilan et le compte de résultat.

Le détail de la répartition des tâches est présenté dans les tableaux figurant ci-après :

Tâches / Postes	Gérant M. FASOUAL	Responsable administratif M. SARISSE	Tâches / Postes	Gérant M. FASOUAL	Responsable administratif M. SARISSE
Préparation des tableaux de bord mensuels		X	Suivi du parc de machines de musculation Achat, vente, maintenance	X	X
Suivi de la trésorerie	X	X			
Demandes de financements	X		Suivi et comptabilisation des frais généraux		X
Administration du personnel	X				
Suivi administratif de la paie		X	Suivi des différents contrats (locations, maintenances, etc...)		X
Déclarations sociales		X			
Déclarations fiscales		X			
Relationnel avec les banquiers		X	Suivi et comptabilisation des immobilisations		X
Suivi du juridique		X			
Relances clients	X		Travaux de fin d'exercice		X
Pointage des règlements clients	X	X			
DEB		X			

Organisation comptable

La société utilise deux logiciels pour sa gestion : un logiciel spécialisé dans la gestion de salle de sport, SYSTFIT, et le PGI, SOFT PGI dont seuls les modules de Comptabilité, de Gestion des immobilisations et de Paie sont utilisés.

Le logiciel SYSTFIT dédié à l'exploitation de la salle de sport regroupe les principales fonctionnalités suivantes :

- Gestion des clients (dont la facturation) et prospects ;
- Programmation et impression des cartes d'accès ;
- Gestion du planning (pour les salariés et les adhérents) ;
- Opérations de vente de biens et services.

Un module du logiciel permet d'exporter vers SOFT PGI les données nécessaires à la tenue de la comptabilité qui est ainsi grandement automatisée. Néanmoins, les factures relatives aux achats et aux frais généraux doivent être saisies dans le module comptable.

Les frais accessoires d'achat sont comptabilisés dans les comptes d'achat par nature.

Journaux utilisés

Code	Nom
ACH	Achats (biens, services et immobilisations)
SG	Banque – Société Générale
CAI	Caisse
OD	Opérations Diverses – TVA – Salaires
VTE	Ventes de marchandises et cessions d'immobilisations

Extrait du plan de comptes tiers

Clients	
Code	Libellé
CLIGAR00	GARIGUE
CLIJUN00	JUNAGU
CLIGRA00	GRANJEAN
CLIBUN00	BUNISSE
CLIJUN01	JUNIRO
CLIVUG00	VUGRUS

Fournisseurs	
Code	Libellé
FR001	DIET DISTRIB
FR002	MELKE FITNESS SERVICES
FR004	COMPTA PLUS
FR009	IMPRIMSET
FR010	WEBCOMMUNICATION
FR011	COM INFO SITES URBAINS

Plan comptable de l'entreprise

L'entreprise FITNESS PRO utilise les comptes du Plan Comptable Général (comptes à 6 chiffres) ainsi que les comptes spécifiques suivants :

Compte	Intitulé
370010	Stock produits protéinés
370020	Stocks produits minceurs
370031	Stocks tee-shirts logo fitness pro
370032	Stocks tee-shirts logo fitness pro Euro 2016
411001	Clients, Abonnements prélevés
411002	Clients, Abonnements facturés
445661	Etat, TVA déductible sur ABS 5,5%
445662	Etat, TVA déductible sur ABS 20%
445711	Etat, TVA collectée sur prestations services
445712	Etat, TVA collectée sur ventes produits
445713	Etat, TVA collectée sur ventes tee-shirts

Compte	Intitulé
607001	Achats de produits protéinés
607002	Achats de produits minceurs
607003	Achats de tee shirt logo fitness
706001	Ventes d'abonnements prélevés
706002	Ventes d'abonnements facturés
707001	Ventes de produits protéinés
707002	Ventes de produits minceurs
707003	Ventes de tee shirt logo fitness

Votre arrivée dans l'entreprise FITNESS PRO

Dans le cadre de votre stage de BTS Comptabilité Gestion, il vous est demandé de travailler successivement sur trois missions.

MISSION 1 – GESTION DES OPÉRATIONS COMPTABLES ET FISCALES

Annexes A1 à A4
Annexe B1
Annexe C1 (à rendre avec la copie)

M. SARISSE s'est absenté pour plusieurs jours. Avant son départ, il vous demande de terminer le traitement des opérations courantes du mois de décembre 2016. Il met à votre disposition une documentation comptable pour vous aider dans la réalisation de cette tâche.

Vous devez enregistrer les opérations courantes de décembre 2016.

La déclaration mensuelle de la TVA est générée par le module comptable du progiciel SOFT PGI. Suite à l'installation d'une nouvelle version de ce PGI, M. SARISSE vous demande de vérifier la déclaration du mois de décembre à partir de l'état de contrôle habituellement utilisé. Il vous communique l'extrait de la balance des comptes qui prend en compte l'intégralité des opérations de décembre. Par ailleurs, il vous informe qu'il n'y a pas eu d'avoir sur ventes et qu'aucun achat de prestations de services n'a été réglé sur cette période.

Vous devez procéder au contrôle de la déclaration de TVA générée par le PGI. Puis vous rendrez compte par courriel à M. SARISSE des éventuelles erreurs de paramétrage repérées sur la première impression de l'imprimé CA3.

MISSION 2 – GESTION DES OPÉRATIONS DE FIN D'EXERCICE

Annexes A1, A5 à A10
Annexes B1 et B2

Les travaux d'inventaire permettant l'établissement des comptes annuels au 31 décembre 2016 sont pratiquement terminés. M. SARISSE n'a pas finalisé le traitement comptable de certaines opérations. Il vous confie l'ensemble des documents qu'il avait préparé.

Vous devez effectuer les traitements comptables relatifs aux opérations de fin d'exercice.

MISSION 3 : GESTION SOCIALE

Annexes A11 à A17
Annexe B3

MISSION 3A - Mission liée à la paie

FITNESS PRO emploie des éducateurs sportifs spécialisés dans une ou plusieurs activités dont le planning est géré par le logiciel SYSFIT. Le gérant, en charge de ce planning, a dû faire face à des ajustements dans la gestion des salles de cours suite à une absence pour maladie d'un des éducateurs.

Le directeur administratif a reçu un mail de Madame AZOUG au sujet de son bulletin de paie et de la prise de ses congés payés. M. SARISSE vous transfère ce mail.

Vous devez :
- *Préparer, à l'aide de la documentation sociale, les éléments de réponses argumentés aux questions de Madame AZOUG,*
- *Analyser la procédure de traitement du planning de l'entreprise pour rechercher un ou des éventuel(s) dysfonctionnement(s) et proposer à M. SARISSE des solutions.*

MISSION 3B - Mission liée à l'intéressement

Un accord d'intéressement d'entreprise a été signé pour faire participer les salariés aux résultats de l'entreprise. Le bénéfice pour l'année 2016 est connu.

Vous devez réaliser les travaux relatifs à l'intéressement.

A - Documentation comptable, financière, fiscale et sociale associée à la situation

Annexe A1 – Factures d'achat à comptabiliser

IMPRIMSET
40 rue de la girolle
24100 BERGERAC
Tél. : 05 53 58 99 01
N° TVA : FR 33 323 213 421

SARL FITNESS PRO
8 rue Leonardo Da Vinci
24100 BERGERAC
N° TVA : FR 78 430 724 369

Date : 12/12/2016
Facture n° 07120324

Désignation	Qté	P.U	MONTANT
Commande 1239 - Bon de livraison n°124370 Plaquettes publicitaires présentation de la salle	500	4,50	2 250,00
Mode de règlement : chèque à 30 jours	Total HT		2 250,00
	TVA	20,00%	450,00
	Net à payer		2 700,00

DIET DISTRIB
23 rue des Saules - 06800 - CAGNES SUR MER
Tél : 04 09 13 24 74
Fax : 04 09 13 24 75
N° TVA : FR 45 435 629 190

SARL FITNESS PRO
8 rue Leonardo Da Vinci
24100 BERGERAC
N° TVA : FR 78 430 724 369

Date : 17/12/2016
Num facture : 4905
Bon de livraison N° BL1325 du 13/12/2016

Code produit	Description	Qté	P.U	MONTANT
NITRO01	Boîte poudre protéinée NITROTECH	30	23,30	699,00
FORTIX16	Barre céréales protéinée FORTIX	100	1,44	144,00
HYDROXY	Boîte Capsules minceur HYDROXYCUT	40	13,90	556,00
	Frais de port			70,00
Mode de règlement : chèque à réception de la facture		HT		1 469,00
		Remise	10%	146,90
		Total HT		1 322,10
		TVA	5,50%	72,72
		Net à payer		1 394,82 €

Annexe A1 (suite) – Factures d'achat à comptabiliser

MELKE FITNESS SERVICES
Vente et formation
8 avenue de l'Europe
ZI des rabats
21000 – DIJON
www.melkefitness.fr
N° TVA : FR 4574582381

Dijon, le 19 décembre 2016

FITNESS PRO
8 rue Leonardo Da Vinci
24100 BERGERAC
N° TVA : FR 78 430 724 369

FACTURE 16124

Bon de livraison 1742 du 10 décembre 2016

3 Tapis de course Club Series	19 200.00 €
Formation à l'utilisation	500.00 €
Frais de livraison et d'installation	700.00 €
Montant HT	20 400.00 €
TVA à 20 %	4 080.00 €
Net à payer	24 480.00 €

Echéance : 19/02/2017

TVA acquittée sur les débits

WEBCOMMUNICATION
14, rue de la Convention
75015 PARIS
Tél. 01 46 17 58 58
Numéro de TVA : FR12459247861
www.webcommunication.fr

Merci de comptabiliser cet achat mis en attente

FITNESS PRO
8 rue Leonardo Da Vinci
24100 BERGERAC
Numéro de TVA : FR48127837581

Date	N° facture	Mode de paiement / Echéance	N° Client
19/12/2016	124	Virement bancaire à réception de la facture	411FITNES

Création du site Internet de présentation de la salle www.fitnesspro.fr

Selon devis n°11-004

Prix hors taxes :	4 300.00
TVA à 20 % :	860.00
Net à Payer TTC	5 160.00

TVA acquittée sur les débits

Extrait du journal de banque issu du module comptable du PGI

Date	Compte général	Compte tiers	Libellé de l'opération	Débit	Crédit
21/12/2016	471000		FR WEBCOMMUNICATION Facture n° 124	5 160.00	
	512000				5 160.00

Annexe A2 – Extrait de la balance des comptes après traitement intégral des opérations courantes de décembre 2016, y compris celles de l'annexe A1

Comptes généraux du 411000 au 709000		Exercice	En cours 2016		
Dates comptables du 01/12/2016 au 31/12/2016					
N° compte	Intitulé du compte	Total Débit	Total Crédit	Solde débiteur	Solde créditeur
411001	Clients, Abonnements prélevés	52 280,40	52 280,40		
411002	Clients, Abonnements facturés	6 863,20	2 752,00	4 111,20	
445620	Etat, TVA déductible sur immobilisations	3 980,00		3 980,00	
445661	Etat, TVA déductible sur ABS 5,5%	929,88	452,12	477,76	
445662	Etat, TVA déductible sur ABS 20%	5 315,35	2 407,10	2 908,25	
445711	Etat, TVA collectée sur prestations services	8 915,00	18 087,07		9 172,07
445712	Etat, TVA collectée sur ventes produits	265,00	519,00		254,00
445714	Etat, TVA en attente d'encaissement	458,67	1 143,87		685,20
706001	Ventes d'abonnements prélevés		43 567,00		43 567,00
706002	Ventes d'abonnements facturés		3 426,00		3 426,00
707001	Ventes de produits protéinés		2 945,26		2 945,26
707002	Ventes de produits minceurs		1 673,00		1 673,00

Annexe A3 – Extrait de la procédure comptable de Fitness Pro

[...] Les factures sont établies en fin de mois :

- Les clients abonnés sont prélevés le 1er de chaque mois. La facturation et l'enregistrement (compte 706001 Ventes d'abonnements prélevés) sont réalisés le dernier jour de ce même mois. La procédure est identique pour les encaissements des nouveaux abonnés reçus en cours de mois.

	512000 Banque	411001 Clients, abonnements prélevés	706001 Ventes d'abonnements prélevés	445711 Etat, TVA collectée sur prestations de services
Prélèvement	TTC	TTC		
Facturation		TTC	HT	TVA

- Les abonnements payés par les comités d'entreprise donnent lieu à une facturation en fin de mois (compte 706002 Ventes d'abonnements facturés) et seront réglés par virement à 30 jours. [...]

	512000 Banque	411002 Clients, abonnements facturés	706002 Ventes d'abonnements facturés	445714 Etat, TVA en attente d'encaissement	445711 Etat, TVA collectée sur prestations de services
Facturation		TTC	HT	TVA	
Virement	TTC	TTC		TVA	TVA

Annexe A4 – Déclaration de TVA CA3 de décembre 2016 générée par le PGI à contrôler

A — Montant des opérations réalisées

OPERATIONS IMPOSABLES (H.T.)

Ligne	Libellé	Code	Montant
01	Ventes, prestations de services	0979	50 478
02	Autres opérations imposables	0981	
2A	Achats de prestations de services intracommunautaires (article 283-2 du Code général des impôts)	0044	
03	Acquisitions intracommunautaires (dont ventes à distance et/ou opérations de montage : ....)	0031	
3A	Livraisons d'électricité, de gaz naturel, de chaleur ou de froid imposables en France	0030	
3B	Achats de biens ou de prestations de services réalisés auprès d'un assujetti non établi en France (article 283-1 du Code général des impôts)	0040	
3C	Régularisations ....(important : cf. notice)	0036	

Opérations non imposables

Ligne	Libellé	Code	Montant
04	Exportations hors UE	0032	
05	Autres opérations non imposables	0033	
06	Livraisons intracommunautaires	0034	
6A	Livraisons d'électricité, de gaz naturel, de chaleur ou de froid non imposables en France	0029	
07	Achats en franchise	0037	
7A	Ventes de biens ou prestations de services réalisées par un assujetti non établi en France (article 283-1 du Code général des impôts)	0043	
7B	Régularisations ....(important : cf. notice)	0039	

B — Décompte de la TVA à payer

TVA BRUTE

Opérations réalisées en France métropolitaine

Ligne	Libellé	Code	Base hors taxes	Taxe due
08	Taux normal 20 %	0207	45 860	9 172
09	Taux réduit 5,50%	0105	4 618	254
09B	Taux réduit 10%	0151		
09C	Ligne utilisable pour un nouveau taux en métropole			

Opérations réalisées dans les DOM

Ligne	Libellé	Code	Base hors taxes	Taxe due
10	Taux normal 8,5%	0201		
11	Taux réduit 2,1%	0100		
12				

Opérations imposables à un autre taux (France métropolitaine ou DOM)

Ligne	Libellé	Code	Base hors taxes	Taxe due
13	Ancien taux	0900		
14	Opérations imposables à un taux particulier (décompte effectué sur annexe 3310 A)	0950		
15	TVA antérieurement déduite à reverser	0600		
16	Total de la TVA brute (lignes 08 à 15)			9 426
17	Dont TVA sur acquisitions intracommunautaires	0035		
18	Dont TVA sur opérations à destination de Monaco	0038		

La ligne 11 ne concerne que les DOM. Les autres opérations relevant du taux de 2,1% continuent d'être déclarées sur l'annexe 3310 A.

TVA DEDUCTIBLE

Ligne	Libellé	Code	Montant
19	Biens constituant des immobilisations	0703	2 908
20	Autres biens et services	0702	4 458
21	Autre TVA à déduire	0059	
22	Report du crédit apparaissant ligne 27 de la précédente déclaration	8001	
22A	Indiquer ici le coefficient de taxation forfaitaire applicable pour la période s'il est différent de 100 %	%	
23	Total TVA déductible (lignes 19 à 22)		7 366
24	Dont TVA non perçue récupérable par les assujettis disposant d'un établissement stable dans les DOM	0709	

CREDIT

Ligne	Libellé	Code	Montant
25	Crédit de TVA (ligne 23 - ligne 16)	0705	
26	Remboursement demandé sur formulaire n°3519 joint	8002	
AA	Crédit de TVA transféré à la société tête de groupe sur la déclaration récapitulative 3310-CA3G	8005	
27	Crédit à reporter (ligne 25 - ligne 26) - ligne AA) (cette somme est à reporter ligne 22 de la prochaine déclaration)	8003	

TAXE A PAYER

Ligne	Libellé	Code	Montant
28	TVA nette due (ligne 16 - ligne 23)		2 060
29	Taxes assimilées calculées sur annexe n°3310 A	9979	
30	Sommes à imputer y compris acompte congés	9989	
31	Sommes à ajouter y compris acompte congés	9999	
AB	Total à payer acquitté par la société tête de groupe sur la déclaration récapitulatif 3310-CA3G) (lignes 28+29-30+31)	9991	
32	Total à payer (lignes 28+29-30+31-AB)		2 060

Attention! Une situation de TVA créditrice (ligne 25 servie) ne dispense pas du paiement des taxes assimilées déclarées ligne 29

Annexe A5 – Finalisation des travaux d'inventaire

De : olivier.sarisse@fitnesspro.fr	A : assistant@fitnesspro.fr
Le : 05 janvier 2017	
Objet : Finalisation des travaux d'inventaire	

Afin de terminer les travaux de fin d'exercice, vous trouverez ci-dessous les informations relatives aux régularisations d'inventaire restant à effectuer :

- Les plaquettes publicitaires de présentation de la salle, achetées le 12 décembre au fournisseur IMPRIMSET (facture n° 07120324 que vous avez traitée) seront distribuées aux clients et prospects au cours du mois de janvier 2017.

- Notre unique fournisseur en produits minceurs, DIET DISTRIB, nous accorde tous les ans une ristourne de 2 % calculée sur les achats effectués au cours de l'année.

- Je souhaiterais que notre PGI puisse déterminer automatiquement le montant de cette ristourne. Rédiger la requête SQL permettant de calculer la réduction à partir des achats annuels nets de produits minceurs.

- Suite à l'inventaire physique réalisé le 31 décembre 2016, vous devez procéder à la régularisation comptable des stocks. Il reste en magasin un lot de 27 tee-shirts imprimés à l'occasion de l'Euro 2016. J'estime qu'ils doivent être dépréciés de 60%.

- M. FASOUAL m'a signalé qu'un appareil de musculation a subi des dégradations plus importantes que prévues au cours de cette année. Je vous demande de prendre en compte cette perte de valeur pour l'exercice 2016 et de calculer le montant de la dotation amortissement 2017 afin que je puisse contrôler le nouveau plan d'amortissement qui sera généré par le PGI.

Bon travail

Cordialement,

Olivier SARISSE

Annexe A6 – Extrait de la balance des comptes de FITNESS PRO

FITNESS PRO Comptes généraux du 607001 au 607002 Dates comptables du 01/01/2016 au 31/12/2016				Exercice	En cours 2016
Code	Intitulé du compte	Total Débit	Total Crédit	Solde débiteur	Solde créditeur
607001	Achats de produits protéinés TVA 5,5%	19 633,10		19 633,10	
607002	Achats de produits minceurs TVA 5,5%	11 688,57	532,00	11 156,57	

Annexe A7 – Extrait du modèle relationnel relatif au module comptable du PGI SOFT GESTION

PLAN_DE_COMPTE (numcompte, libellecompte)

PLAN_DE_COMPTE_AUXILIAIRE(numcompteauxiliaire, libcpteaux, #numcompte)

ECRITURE (numecriture, aateecriture, libelleecriture)

LIGNE_ECRITURE (numligne, #numecriture, #numcompte, #numcompteauxiliaire, debit, credit)

Annexe A8 – Extrait de la balance avant inventaire au 31/12/2016

Comptes généraux du 370000 au 397000		Exercice	En cours 2016		
Dates comptables du 01/01/2016 au 31/12/2016					
N° compte	Intitulé du compte	Total Débit	Total Crédit	Solde débiteur	Solde créditeur
370010	Produits protéinés	2 960,00		2 960,00	
370020	Produits minceur	1 070,00		1 070,00	
370031	Tee shirts Logo Fitness Pro taille unique	630,00		630,00	
370032	Tee shirts Logo Fitness Pro Euro 2016 taille unique	960,00		960,00	

Annexe A9 – Inventaire physique au 31/12/2016

N° compte	Libellé	Quantités	Coût unitaire	Montant
370010	Produits protéinés	178	10,00	1 780,00
370020	Produits minceur	74	15,00	1 110,00
370031	Tee shirts Logo Fitness Pro Taille unique	52	8,00	416,00
370032	Tee shirts Logo Fitness Pro Euro 2016 Taille unique	27	8,00	216,00

Annexe A10 : Informations relatives à l'appareil de musculation 4 tours

La tour de musculation a été achetée et mise en service le 1er juin 2015. Au regard de la fréquence d'utilisation, cet appareil a une durée de vie de 5 ans.

Au cours de l'année 2016, M. FASOUAL a constaté une dégradation de l'appareil plus importante que prévue et a procédé à un test de dépréciation. Le résultat de ce test fait apparaître une valeur d'usage de 4 000 €. Par ailleurs, ce type d'appareil est négocié sur le marché d'occasion à un prix de 4 500 €.

Les amortissements des immobilisations sont gérés par le module Immobilisations du PGI et les écritures de dotations annuelles sont automatiquement générées puis transférées dans le module comptable.

L'extraction du plan d'amortissement de la tour 4 postes se présente ainsi :

FITNESS PRO

Immobilisation : Tour de musculation - 4 postes
Numéro du compte : 218100
Coût d'acquisition : 7 500,00   Durée d'amortissement : 5 ans
Valeur résiduelle : -   Taux linéaire : 20%
Base amortissable : 7 500,00   Date de mise en service : 01/06/2015

Périodes	Base	Dotation aux amortissements	Cumul des amortissements	VNC
2015	7 500,00	875,00	875,00	6 625,00
2016	7 500,00	1 500,00	2 375,00	5 125,00
2017	7 500,00	1 500,00	3 875,00	3 625,00
2018	7 500,00	1 500,00	5 375,00	2 125,00
2019	7 500,00	1 500,00	6 875,00	625,00
2020	7 500,00	625,00	7 500,00	-

Annexe A11 : Demande d'information de Christelle AZOUG

J'ai reçu ce mail de Christelle AZOUG, éducatrice sportive que nous avons embauchée à temps partiel le 01/11/2016. Elle pose un certain nombre de questions au sujet de son salaire du mois de décembre. Pourriez-vous me préparer les éléments de réponses ?

Merci par avance.   *Olivier Sarisse*

De : christelle.azoug@azoug.net
A : olivier.sarisse@fitnesspro.fr
Mardi 3 janvier 2017 21:16

Bonjour,
Je viens de recevoir ma fiche de paie et j'ai des questions à vous poser :

- C'est la première fois que je fais des heures en plus de ce que prévoit mon contrat de travail (26 heures par mois). Je pensais que ces heures en plus étaient des heures supplémentaires rémunérées à 25% comme j'avais avec mon précédent employeur mais, pour décembre, mon bulletin mentionne des heures « complémentaires » rémunérées à 10%. Y a-t-il une erreur dans l'intitulé et le taux, ou est-ce normal ?
- Vous avez compté 4 heures « complémentaires » mais il me semble en avoir fait plus que ça. Pourriez-vous vérifier ?
- Je profite de ce mail pour vous interroger sur mes congés payés. Il me semble que je n'ai pas le droit de les prendre avant une certaine date mais est-ce qu'il me sera possible de poser des congés payés en mars prochain ?

[...]

Annexe A12 – Extrait du Bulletin de Salaire du mois de Décembre 2016 de Christelle AZOUG

S.A.R.L FITNESS PRO
8 RUE LEONARDO DA VINCI
24100 BERGERAC
Siret : 75079748200023 - APE/NAF : 9313Z

Régime Général URSSAF
Convention : N° 3328 – Sport (IDCC 2511)

Catégorie : TECHNICIEN

Bulletin de Salaire
Période du : **01/12/2016**   au **31/12/2016**
Emploi : EDUCATEUR SPORTIF
Entrée le 01/09/2016
N° S.S.   2 82 09 92 026 045 89

Mme CHRISTELLE AZOUG
8 RUE DESMARTIS
24100 BERGERAC

Désignation	Base	Taux	Retenue	Gain	Cotisations patronales Taux	Montant
Salaire de base	26,00	23,0362		598,94		
Heures Compl. 10%	4,00	25,3398		101,36		
Total Brut				**700,30**		
Assu. Maladie	700,30	0,7500	5,25		12,8400	89,92

Annexe A13 – Planning de Christelle AZOUG - Décembre 2016

SYSFIT FITNESS PRO 04/01/2017 11:12				PLANNING DE TRAVAIL Salarié(e) : AZOUG Christelle Matricule : 034 Période : 28/11/16 au 31/12/16			
	L	M	M	J	V	S	D
Semaine 48	28	29	30	1	2	3	4
AZOUG	13h-15h	18h-20h			10h-12h	17h-19h	
Semaine 49	5	6	7	8	9	10	11
AZOUG	13h-15h			19h-21h	10h-12h	17h-19h	
Semaine 50	12	13	14	15	16	17	18
AZOUG	13h-15h				10h-12h	17h-19h	
Semaine 51	19	20	21	22	23	24	25
AZOUG	13h-15h				10h-12h	17h-19h	
Semaine 52	26	27	28	29	30	31	1
AZOUG	13h-15h	19h-22h			10h-12h	17h-19h	

Annexe A14 – Erreur de calcul des heures complémentaires & Procédure de traitement de la paie

> Concernant le calcul des heures complémentaires, l'exportation des données du logiciel qui gère les plannings SYSFIT vers SOFT PGI est correctement paramétrée pour gérer la paie (Voir la procédure de traitement de la paie). Je ne comprends pas d'où viendrait l'erreur de calcul des heures complémentaires. Qu'en pensez-vous ? Quelle(s) solution(s) me proposez-vous ?   *Olivier Sarisse*

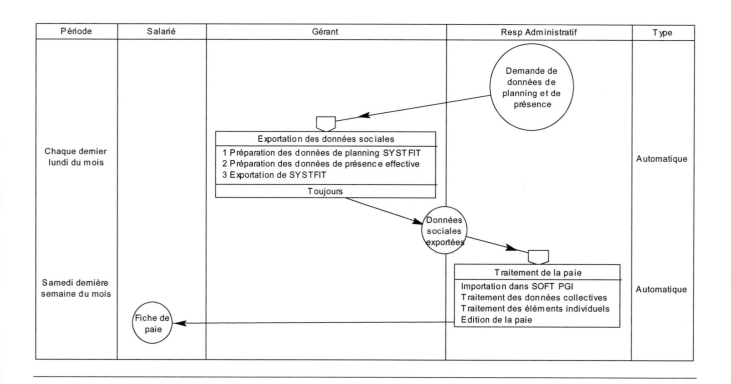

Annexe A15 – Extrait du contrat de travail de Christelle AZOUG

CONTRAT DE TRAVAIL

Entre FITNESS PRO
Et AZOUG Christelle [...]

Durée du travail

Conformément aux dérogations relatives à la durée de travail à temps partiel (c. trav. art. L.3123-14-2), nous avons bien enregistré votre demande de travailler moins que le seuil minimal de 24 H par semaine afin de pouvoir cumuler plusieurs activités. Votre contrat est d'une durée de 6 heures par semaine réparties comme suit :

Lundi	Mardi	Mercredi	Jeudi	Vendredi	Samedi	Dimanche
13H-15H				10H – 12H	17H-19H	

[...]

Annexe A16 : Courrier relatif à la note d'information aux salariés

De : medhi.fasoual@fitnesspro.fr	A : assistantcomptable@fitnesspro.fr
Le : 15 janvier 2017	
Objet : Calcul de l'intéressement 2016	

Un accord d'entreprise a été signé en décembre 2015 concernant la mise en place d'un accord d'intéressement applicable à partir du 01/01/2016. Les comptes de l'année 2016 sont terminés et je voudrais que vous calculiez le montant de l'intéressement, à la fois pour un salarié (pour me rendre compte du montant qu'un de mes employé pourrait percevoir) mais aussi pour l'entreprise.

Voici les éléments dont vous avez besoin pour calculer l'intéressement :
- la croissance du chiffre d'affaires est de 24,3 %,
- le taux de réabonnement des clients est de 87 %,
- l'entreprise compte 10 salariés éligibles à l'intéressement pour lesquels le cumul des salaires bruts s'élève à 137 258 euros.
- le résultat 2016 avant intéressement est de 85 316 euros.

Je voudrais mettre en place un tableau de bord afin de suivre, chaque mois, différents indicateurs de la situation sociale de l'entreprise, notamment pour calculer l'intéressement des salariés. Pourriez-vous me rédiger une fonction permettant de calculer automatiquement (cellule B21) le montant d'intéressement en fonction du taux de réabonnement des clients (Cellule B20), voir ci-dessous l'extrait de ma feuille de calcul du tableur.

	A	B
20	Taux de réabonnement	75%
21	Montant par salarié	200 €

Je vous demande :
1. de calculer le montant total de l'intéressement et de contrôler s'il ne dépasse pas le plafond autorisé
2. d'évaluer le montant de l'intéressement de Kévin Duluc, salarié dont le cumul des salaires bruts pour l'année 2016 s'élève à 12 324 euros
3. de comptabiliser l'intéressement et les charges sociales correspondantes de l'exercice 2016
4. de rédiger une formule de calcul sur tableur afin d'automatiser le calcul d'intéressement.

En vous en remerciant par avance,

Cordialement

Annexe A17 – Accord d'Intéressement du 01/12/2015, applicable au 01/01/2016

ENTRE
FITNESS PRO, au capital de 40 000 euros, immatriculé au RCS de Bergerac, ayant son siège à 8, Léonardo Da Vinci 24100 Bergerac, et représenté par M. Fasoual, agissant en qualité de gérant
Ci-après dénommée « L'Entreprise »

ET
Le personnel de l'Entreprise qui a adopté le présent règlement
Ci-après dénommé(s), individuellement ou collectivement, la ou les « Partie(s) »

PREMIERE PARTIE : DISPOSITIONS GENERALES

Article 1 : Objet
1. L'accord définit les principes et les modalités de mise en place d'un système d'intéressement aux résultats de l'entreprise, destiné à l'ensemble du personnel.

Article 2 : Champ d'application et salariés bénéficiaires
Le présent accord concerne l'ensemble du personnel de l'entreprise. Sont bénéficiaires de l'intéressement, tous les salariés de l'entreprise sans condition d'ancienneté, qu'ils soient à temps complet ou à temps partiel.

DEUXIEME PARTIE : CALCUL DE L'INTERESSEMENT ET REPARTITION ENTRE LES SALARIES

Article 3 : Calcul de l'intéressement et répartition de la masse de l'intéressement versée au personnel (formule de l'intéressement)

L'intéressement défini au présent contrat est fonction :

- du **chiffre d'affaires (CA HT)** à partir de la grille suivante :

Taux de croissance du CA HT	< 5 %	5 % à <10%	10 % à <20%	20 % et +
% du résultat	0 %	5 %	10 %	12 %

La fraction de l'intéressement calculée selon le chiffre d'affaires est répartie en fonction du salaire brut versé à chaque bénéficiaire au cours de l'exercice de référence.

- du **taux de réabonnement des clients** à partir de la grille suivante :

Taux de réabonnement	< 60 %	60% à < 70%	70% à <80 %	80 % et +
Montant par salarié (en euros)	0	100 €	200 €	300 €

La fraction de l'intéressement dépendant du taux de réabonnement est attribuée de manière uniforme à chaque bénéficiaire.

[…]

B – Documentation technique - comptable, fiscale, sociale, informatique

Annexe B1 – Documentation comptable

Extrait du mémento pratique comptable Francis Lefebvre

§ 866 Comptabilisation des dépenses de formation engagées directement par l'entreprise
Les dépenses de formation directement engagées par l'entreprise sont à comptabiliser selon leur nature dans les comptes prévus par le PCG :
- [...]
- frais des formations du personnel réalisées par un organisme formateur extérieur : compte 6228 « Rémunérations d'intermédiaires et honoraires ».

§ 1400 Coût d'entrée dans le patrimoine
Lors de leur entrée dans le patrimoine, les immobilisations sont enregistrées (C. com. art L 123-18 ; PCG, art 213-1 et 213-2 al 2) :
- à leur coût d'acquisition, pour celles acquises à titre onéreux, dans des conditions ordinaires,
- [...]

§ 1402 Détermination du coût d'acquisition
Le coût d'acquisition d'une immobilisation corporelle est constitué des éléments suivants (C. com. art R 123-17861° et PCG art 213-8) :
- son prix d'achat (voir n°1403 s.)
- tous les coûts directement attribuables (frais accessoires) engagés pour mettre l'actif en place et en état de fonctionner selon l'utilisation prévue par la direction (voir n°1404 s.),
- [...]

§ 1403 Prix d'achat
Le prix d'achat est le montant résultant de l'accord des parties à la date de l'opération, y compris les taxes non récupérables, diminué (PCG art 213-8) :
  a. des taxes légalement récupérables (TVA et taxes assimilées) [...]
  b. des rabais, remises ou ristournes obtenus [...]
  c. des escomptes obtenus lors du règlement [...]

§ 1404 Frais accessoires
Nature des frais accessoires Ne doivent être incorporés au coût d'acquisition des immobilisations corporelles que les coûts directement attribuables à l'acquisition ou à la mise en état de fonctionnement du bien (PCG art 213-8), [...]
II Ne constituent pas des frais accessoires et sont donc à comptabiliser directement en charges :
  a. Les dépenses qui ne sont pas nécessaires à la mise en place et en état de fonctionner de l'immobilisation conformément à l'utilisation prévue par la direction. [...] Ces opérations (charges ou produits) sont comptabilisées immédiatement en résultat (PCG art 213-13). Il s'agit (liste non exhaustive) :
     - Des frais de formation du personnel à l'utilisation et à l'entretien des machines (Avis CNC n°2004-15, § 4.3.1.2)
     - Des frais de transport et d'installation exposés pour donner en location une immobilisation ;
     [...]

§ 1646 Sites internet créés en interne
Distinction entre sites « actifs » et « passifs »

I Les sites « passifs » sont les simples sites de présentation ne participant pas aux systèmes d'information ou commerciaux de l'entreprise (Avis CNC n°2003-11). Les dépenses de création de tels sites doivent être comptabilisées obligatoirement en charges.

En effet, ces sites constituent un support de publicité de l'entreprise qui ne répond pas à la définition d'un actif incorporel.

II Les sites « actifs » sont les sites enregistrant des commandes clients et/ou participant aux systèmes d'information ou commerciaux (comptabilité, ventes, etc.) (Avis CNC n°2003-11). Ils suivent les règles de comptabilisation des coûts de développement. [...]

Extrait du règlement n°2014-03 du 5 juin 2014 relatif au plan comptable général

Section 4 : Evaluation des actifs postérieurement à leur date d'entrée

Art. 214-5
1. La dépréciation d'un actif est la constatation que sa valeur actuelle est devenue inférieure à sa valeur nette comptable.
2. La comparaison entre la valeur actuelle et la valeur nette comptable est effectuée élément par élément.

Art. 214-6
[...]
2. La valeur nette comptable d'un actif correspond à sa valeur brute diminuée des amortissements cumulés et des dépréciations.
3. La valeur actuelle est la valeur la plus élevée de la valeur vénale ou de la valeur d'usage [...]
4. La valeur vénale est le montant qui pourrait être obtenu, à la date de clôture, de la vente d'un actif lors d'une transaction conclue à des conditions normales de marché, net des coûts de sortie. Les coûts de sortie sont les coûts directement attribuables à la sortie d'un actif, à l'exclusion des charges financières et de la charge d'impôt sur le résultat.
5. La valeur d'usage d'un actif est la valeur des avantages économiques futurs attendus de son utilisation et de sa sortie. [...]

Section 2 : Site Internet

Art. 612-1
Les coûts de création de sites internet peuvent être comptabilisés à l'actif si l'entreprise démontre qu'elle remplit simultanément les conditions suivantes :
- le site internet a de sérieuses chances de réussite technique ;
- l'entreprise a l'intention d'achever le site internet et de l'utiliser ou de le vendre ;
- l'entreprise a la capacité d'utiliser ou de vendre le site internet ;
- le site internet générera des avantages économiques futurs ;
- l'entreprise dispose des ressources (techniques, financières et autres) appropriées pour achever le développement et utiliser ou vendre le site internet ;
- l'entreprise a la capacité d'évaluer de façon fiable les dépenses attribuables au site internet au cours de son développement

Annexe B2 – DOCUMENTATION INFORMATIQUE – MÉMENTO SQL

PROJECTION D'ATTRIBUTS

Expression	Résultat	Syntaxe
SELECT	Spécifie les attributs que l'on veut extraire et afficher	SELECT TABLE.Attribut
FROM	Spécifie les tables nécessaires à la requête	FROM TABLE1, TABLE2
;	Indique que la requête est terminée	;

SÉLECTION

Expression	Résultat	Syntaxe
WHERE	Précède la première jointure ou sélection	WHERE TABLE.Attribut LIKE chaîne de caractères
AND	Succède à WHERE que ce soit pour une sélection ou une jointure	AND TABLE.Attribut = Valeur numérique
OR	Précède une sélection (union)	OR TABLE.Attribut = Valeur numérique
LIKE / =	LIKE précède une chaîne de caractères. = précède une valeur numérique.	WHERE TABLE.Attribut LIKE chaîne de caractères AND TABLE.Attribut = Valeur numérique
IS [NOT] NULL	Prédicat de [non] nullité	WHERE TABLE.Attribut IS [NOT] NULL
BETWEEN … AND …	Prédicat d'intervalle Équivalent à >= … AND <= …	WHERE TABLE.Attribut BETWEEN valeur1 AND valeur 2

TRI

Expression	Résultat	Syntaxe
ORDER BY … ASC ou DESC	La hiérarchie des clés de tri est définie par l'ordre des attributs derrière ORDER BY	ORDER BY TABLE.Attribut1, TABLE.Attribut2 ASC

CALCULS

Expression	Résultat	Syntaxe
SUM	Retourne la somme des valeurs d'un attribut d'une table	SELECT SUM (TABLE.Attribut) AS NomAlias
AVG	Retourne la moyenne des valeurs d'un attribut d'une table	SELECT AVG (TABLE.Attribut) AS NomAlias
MAX	Retourne la valeur maximum d'un attribut d'une table	SELECT MAX (TABLE.Attribut) AS NomAlias
MIN	Retourne la valeur minimum d'un attribut d'une table	SELECT MIN (TABLE.Attribut) AS NomAlias
AS	L'attribut projeté est identifié par le nom de l'alias	SELECT SUM (TABLE.Attribut) AS NomAlias

REGROUPEMENT

Expression	Résultat	Syntaxe
COUNT	Retourne le nombre de tuples d'une table	SELECT COUNT (TABLE.Attribut) AS NomAlias
GROUP BY	Permet de faire porter les fonctions d'agrégat sur des partitions de la table	GROUP BY TABLE.Attribut HAVING TABLE.Attribut = Valeur
HAVING	Permet d'appliquer des prédicats de condition sur des résultats de regroupement	GROUP BY TABLE.Attribut HAVING TABLE.Attribut = Valeur

MISE À JOUR

Expression	Résultat	Syntaxe
INSERT INTO	Permet d'insérer un ou plusieurs tuples dans une table	INSERT INTO TABLE.Attribut1, TABLE.Attribut2
VALUES	Précise les valeurs que l'on va attribuer aux tuples à insérer	VALUES (valeur1, valeur2)
UPDATE	Modifie la valeur d'un ou plusieurs attributs dans un ou plusieurs tuples d'une table	UPDATE TABLE
SET	Donne les nouvelles valeurs	SET TABLE.Attribut = Nouvelle valeur
DELETE FROM	Efface un ou plusieurs tuples de la table	DELETE FROM TABLE

Annexe B3 – DOCUMENTATION SOCIALE

HEURES COMPLÉMENTAIRES

Définition : Il s'agit des heures de travail effectuées par les salariés à temps partiel au-delà du temps de travail mentionné dans leur contrat ou conventionnelle applicable dans l'entreprise. Les heures complémentaires sont obligatoirement payées […]. Depuis le 01/01/2014, toutes les heures complémentaires sont majorées de 10% dès la première heure. […].

Rémunération (art L3123-19 modifié par loi n°2013-504) : si la limite dans laquelle peuvent être accomplies des heures complémentaires est portée au-delà du dixième de la durée hebdomadaire ou mensuelle fixée au contrat de travail calculée, le cas échéant, sur la période prévue par un accord collectif …. chacune des heures complémentaires accomplies au-delà du dixième de cette durée donne lieu à une majoration de salaire de 25 %. Une convention ou un accord de branche étendu peut prévoir un taux de majoration différent, qui ne peut être inférieur à 10 %.

Avenant à la Convention collective nationale du sport IDCC 2511 n°87 du 15 mai 2014 relatif au contrat de travail à temps partiel – chapitre 4.6.4. Heures complémentaires

- Les heures complémentaires sont des heures de travail que l'employeur demande au travailleur à temps partiel d'effectuer au-delà de la durée de travail prévue dans son contrat, et dans la limite de 1/3 de l'horaire contractuel, sans pouvoir atteindre la durée légale.
- Toutes les heures complémentaires sont majorées de 10 %.
- La réalisation d'heures complémentaires n'a pas pour effet de modifier la répartition de la durée contractuelle de travail […].

CONGÉS PAYÉS – Dictionnaire social – Revue Fiduciaire

Congés payés (acquisition) : La durée des droits à congés payés dépend du temps de travail effectif totalisé par le salarié sur une période de référence fixée du 1er Juin de l'année précédente au 31 mai de l'année en cours (c. trav. art. L.3141-11 et R.3141-3).

Congés payés (prise) : La période des congés doit comprendre, dans tous les cas, la période du 1er Mai au 31 Octobre de chaque année, mais elle peut être plus longue et s'étendre sur toute l'année, afin de favoriser l'étalement des congés (c. trav. art. L.3141-13)

Congés pris par anticipation : Les congés payés peuvent être pris dès l'ouverture des droits (c. trav. art. L3141-12). Cette possibilité permet aux salariés nouvellement embauchés de prendre des congés sans attendre la fin de l'année de référence. *Exemple : un salarié embauché le 22/06/2016 ne peut, en principe, prendre des congés qu'à compter du 01/05/2017. Toutefois, au 22/08/2016, il pourrait solliciter d'un congé payé anticipé de 5 jours ouvrables (2 mois x 2,5 jours).*

INTÉRESSEMENT – Dictionnaire social – Revue Fiduciaire

Répartition : Les modalités de répartition de l'intéressement sont déterminées par l'accord, qui peut prévoir (c. trav. art. L.3314-5) :
- Une répartition uniforme ;
- Une répartition proportionnelle au salaire ;
- Une répartition proportionnelle à la durée de présence
- Une répartition combinant ces différents critères.

Plafonnement : Le montant global des sommes distribuées au titre de l'intéressement ne doit pas dépasser annuellement 20 % du total des rémunérations des bénéficiaires.

Forfait social : Le forfait social au taux de 20 % s'applique, sauf exceptions, aux rémunérations ou gains exclus de l'assiette des cotisations de sécurité sociale et assujettis à la CSG sur les revenus d'activité.[… Voici une liste non exhaustive des éléments de rémunération ou gains qui répondent au double critère d'exclusion de la base de calcul des cotisations de Sécurité sociale et d'assujettissement à la CSG :

- Les sommes versées aux salariés au titre de l'intéressement, du supplément d'intéressement, et de l'intéressement de projet

Régime social CSG et CRDS : Les sommes versées aux salariés au titre de l'intéressement sont assujetties à la CSG (7,5%) et à la CRDS (0,5%) sur les revenus d'activité.

ANNEXE À RENDRE AVEC LA COPIE

ANNEXE C1 – Etat de contrôle de la TVA (à rendre avec la copie)

FITNESS PRO

Contrôle de la TVA du mois de : *décembre 2016*

Ligne	Intitulé	Montant figurant sur la déclaration	Montant correct	Justification et calcul
01	Ventes, prestations de services			
08 Base HT	Taux normal 20 %			
08 Taxe due	Taux normal 20 %			
09 Base HT	Taux réduit 5,5 %			
09 Taxe due	Taux réduit 5,5 %			
16	Total TVA brute			
19	Biens constituant des immobilisations			
20	Autres biens et services			
23	Total TVA déductible			
28	TVA nette due			
32	Total à payer			

ÉLÉMENTS INDICATIFS DE CORRIGÉ – COMPTABILITE ET GESTION
CAS FITNESS PRO

MISSION 1 – GESTION DES OPERATIONS COURANTES

1. Enregistrement des opérations courantes du mois de décembre 2016 (S/15)

Journal	Date	Numéro de compte		Libellé de l'écriture	Débit	Crédit
		Général	Tiers			
ACH	12/12/16	401000	FR009	Facture n°07120324		2 700,00
		623600		IMPRIMSET	2 250,00	
		445662			450,00	

Accepter 604 et 4458 ou autre compte de TVA à régulariser

Journal	Date	Numéro de compte		Libellé de l'écriture	Débit	Crédit
		Général	Tiers			
ACH	17/12/16	401000	FR001	Facture n°4905 DIET DISTRIB		1 394,82
		607001			758,70	
		607002			500,40	
		624100			63,00	
		445661			72,72	

La mention du sujet sur le traitement des frais d'achat conduit à accepter la ventilation des frais de port sur les comptes d'achat

Journal	Date	Numéro de compte		Libellé de l'écriture	Débit	Crédit
		Général	Tiers			
ACH	19/12/16	404000	FR002	Facture n°16124 MELKE		24 480,00
		218100		FITNESS	19 900,00	
		622800			500,00	
		445620			3 980,00	
		445662			100,00	

Accepter 215

Journal	Date	Numéro de compte		Libellé de l'écriture	Débit	Crédit
		Général	Tiers			
OD	21/12/16	471000		Facture n°124		5 160,00
		623700		WEBCOMMUNICATION	4 300,00	
		445662		Régularisation	860,00	

Accepter le journal d'achats avec 401 et la régularisation du compte d'attente en OD
Si le candidat s'appuie sur l'annexe B1 § 1646, en raison d'un site qui n'est pas interne, accepter le 205 et la TVA sur immobilisations.

2. Contrôle de la déclaration de TVA du mois de décembre 2016

- Annexe C1 à compléter

FITNESS PRO				
		Contrôle de la TVA du mois de : décembre 2016		
Ligne	Intitulé	Montant figurant dans la déclaration	Montant correct	Justification et calcul
Opérations imposables (H.T.)				
01	Ventes, prestations de services	50 478	50 478	Base HT à 20 % (ligne 08) + Base HT à 5,5% (ligne 09) 45 860 + 4 618 = 50 478 *Accepter 50479*
TVA brute				
08 Base HT	Taux normal 20 %	45 860	45 860	Prestations de services = TVA sur les encaissements des clients des prestations de services (encaissements TTC au crédit des comptes 411001 et 411002) (52 280,40 + 2752)/1,20 = 45 860,33 arrondi à 45 860
08 Taxe due	Taux normal 20 %	9 172	9 172	Base HT à 20 % * taux normal = 45 860 * 20 % = 9 172 Correspond au solde du compte 445711
09 Base HT	Taux réduit 5,5 %	4 618	4 618	Vente de marchandises = TVA exigible lors de la livraison (facturation par simplification) Correspond au CA HT sur ventes de marchandises facturées sur le mois 2 945,26 + 1 673 = 4 618,26 arrondi à 4 618
09 Taxe due	Taux réduit 5,5 %	254	254	Base HT à 5,5 % * taux réduit = 4 618 * 5,5 % = 254 Correspond au solde du compte 445712
16	Total TVA brute	9 426	9 426	TVA au taux normal + TVA au taux réduit 9 172 + 254 = 9 426
TVA déductible				
19	Biens constituant des immobilisations	2 908	3 980	Solde du compte 445620
20	Autres biens et services	4 458	3 386	TVA déductible sur achats de biens et services à 20 % et à 5,5 % Correspond aux soldes des comptes 445661 et 445662 477,76 + 2 908,25 = 3 386,01
23	Total TVA déductible	7 366	7 366	Somme des deux TVA déductibles 3 980 + 3 386 = 7 366
28	TVA nette due	2 060	2 060	TVA brute – TVA déductible 9 426 – 7 366 = 2 060
32	Total à payer	2 060	2 060	Correspond à la TVA nette due = 2 060 – 0 = 2 060

Analyse du paramétrage de la déclaration de TVA

De : Assistant@fitnesspro.fr	A : Olivier.Sarisse@fitnesspro.fr
Le : janvier 2017	
Objet : Contrôle télé déclaration TVA CA3 décembre 2016	
Pièce jointe : Etat de contrôle de la TVA	
Monsieur, J'ai réalisé comme demandé l'état de contrôle de la déclaration de TVA du mois de décembre 2016. Il apparait effectivement que des erreurs de paramétrage ont été commises au niveau de la TVA déductible de la déclaration : <ul><li>Le solde du compte 445662 – Etat, TVA déductible sur ABS 20 % devrait se reporter au niveau de la ligne 20 – autres biens et services or il se reporte au niveau de la ligne 19 – biens constituant des immobilisations.</li><li>Le solde du compte 445620 – Etat, TVA déductible sur immobilisations devrait se reporter au niveau de la ligne 19 – biens constituant des immobilisations or il se reporte au niveau de la ligne 20 – autres biens et services</li></ul> Les deux comptes sont ainsi inversés. Je suis à votre disposition pour toute demande d'informations supplémentaires. Cordialement, Assistant Fitness pro	

Mission 2 : Gestion des opérations de fin d'exercice

Régularisation de la facture IMPRIMSET

Journal	Date	Numéro de compte		Libellé de l'écriture	Débit	Crédit
		Général	Tiers			
OD	31/12/16	486000		Régularisation facture n°07120324	2 250,00	
		623600		IMPRIMSET		2 250,00

Possibilité de retenir le 604 en cohérence avec l'écriture mission 1

Ristourne au fournisseur

Calcul de la ristourne

Montant des achats nets figurant dans le 607002 « Achats de produits minceurs » = 11 156,57

Ristourne HT : 11 156,57 x 2% = 223,13

Accepter le calcul de la ristourne sur les 2 catégories de produits (sujet) : soit 649.66 TTC

Comptabilisation des écritures

Code journal	Date	Compte général	Libellé	Débit	Crédit
OD	31/12/16	409800	Comptabilisation de la facture d'avoir fournisseur DIET DISTRIB	235,40 *(649.66)*	
		445860			12,27 *(33,87)*
		609000			223,13 *(615,79)*

Requête : Calcul du montant de la ristourne accordée par le fournisseur DIET DISTRIB

    SELECT (SUM(**debit**) – SUM(**credit**)) *0.02 AS [RISTOURNE 2016]
    FROM LIGNE_ECRITURE, ECRITURE
    WHERE LIGNE_ECRITURE.numecriture= ECRITURE.Numecriture
    AND YEAR(aateecriture) = 2016
    AND Numcompte = « 607002 » ;

Variantes pour le critère de sélection sur la date :

    AND aateecriture BETWEEN #01/01/2016# AND #12/31/2016#

Ou bien :

    AND aateecriture >= #01/01/2016# AND aateecriture <= #12/31/2016#

Ou bien :

    AND aateecriture > #12/31/2015# AND aateecriture < #01/01/2017#

Ou bien :

    AND aateecriture **LIKE** "*/*/2016"

Ou bien :

    AND aateecriture **LIKE** "??/??/2016"

L'absence du critère de sélection de la date n'est pas sanctionnée.
Ne pas sanctionner l'absence des guillemets autour du « 607002 » (le type du champ – numérique ou alphanumérique – n'est pas renseigné).
L'absence du nom du champ calculé n'empêche pas l'exécution de la requête (non sanctionnée).

    Sans le critère de date :

    SELECT (SUM(**debit**) – SUM(**credit**)) *0.02
    FROM LIGNE_ECRITURE
    WHERE Numcompte = « 607002 » ;

    Accepter le calcul sur les comptes 607002 et 607001 :

    SELECT (SUM(**debit**) – SUM(**credit**)) *0.02
    FROM LIGNE_ECRITURE
    WHERE (Numcompte = « 607002 » OR Numcompte = « 607001 ») ;

    Variante pour le critère de sélection (dernière ligne ci-dessus) :

    WHERE Numcompte **IN** (« 607002 »,« 607001 ») ;

    Si le candidat ajoute le N° de compte dans le SELECT, il doit faire un GROUP BY (accepter, sauf en cas de calcul sur les compte 607002 et 607001) ; ce qui donne, à partir de la requête sans le critère de sélection sur la date :

    SELECT Numcompte, (SUM(**debit**) – SUM(**credit**)) *0.02
    FROM LIGNE_ECRITURE
    WHERE Numcompte = « 607002 » ;
    GROUP BY Numcompte ;

Régularisation des stocks

Code journal	Date	Compte général	Libellé	Débit	Crédit
OD	31/12/16	603700	Annulation du stock initial	5 620,00	
		370010			2 960,00
		370020			1 070,00
		370031			630,00
		370032			960,00
OD	31/12/16	370010	Création du stock final	1 780,00	
		370020		1 110,00	
		370031		416,00	
		370032		216,00	
		603700			3 522,00
OD	31/12/16	681730	Enregistrement de la dépréciation sur stock 27 *8 * 60%	129,60	
		397000			129,60

Dépréciation de l'immobilisation

Valeur actuelle retenue = MAX(Valeur d'usage ; valeur vénale)

= MAX(4 000 ; 4 500)

= 4 500

Dépréciation 2016 = VNC après dotation aux amortissements 2016 – valeur actuelle

= 5 125 – 4 500

= 625

Code journal	Date	Compte général	Libellé	Débit	Crédit
OD	31/12/16	681620	Dépréciation Tour de musculation 4 tours	625	
		291810			625

Amortissement 2017

Base fin 2016 = Coût d'acquisition – Cumul des amortissements – Cumul des dépréciations

= 7 500 − 2 375 − 625

= 4 500 (ou valeur actuelle)

(non exigé par le candidat) Dotation aux amortissements 2017 = Base fin 2016 / durée restant à amortir

= 4 500 / (3 ans et 5 mois)

= 4 500 / (3 + (5/12))

= 1 317,0

Mission 3 : Gestion Sociale

MISSION 3-A Mission liée à la paie
Eléments de réponse à donner à Madame AZOUG

1. Heures complémentaires – heures supplémentaires
- Identification d'un contrat à temps partiel : le contrat de travail a une durée de moins 24 heures par semaine.
- Les heures réalisées au-delà de l'horaire contractuel d'un contrat à temps partiel sont des heures complémentaires
- Toutes les heures complémentaires sont majorées de 10% selon la CCN du sport.

2. Calcul des heures complémentaires
- Le bulletin de salaire stipule 4 Heures complémentaires.
- La salariée a raison, il lui manque 3 Heures complémentaires (7HC – 4HC)

	Nbre d'heures réalisées	Horaire contractuel	Heures complémentaires
Semaine 48	8	6	2
Semaine 49	8	6	2
Semaine 50	6	6	
Semaine 51	6	6	
Semaine 52	9	6	3
Total			7

Tableau non exigé compte tenu du raisonnement
Voir solution possible dans la dernière question (donc 4h complémentaires uniquement)

3. Les congés payés
- Madame AZOUG souhaite prendre des congés payés en mars 17
- Normalement, la prise de congés payés se fait à partir du 1er Mai 2017.
- Cependant, la loi autorise à prendre ses congés par anticipation, dès ouverture des droits.

Eléments de réponse pour le paramétrage de l'exportation de la paie

1. Analyse du problème
- La procédure de traitement du planning et de la paie prévoit que l'exportation du planning dans le PGI soit réalisée le dernier lundi du mois.
- Les heures complémentaires réalisées la semaine 52 n'ont pu être intégrées au PGI, d'où un écart de 3 Heures (heures réalisées le mardi 27/12).

2. Solutions possibles :
Maintenir la procédure avec report sur le mois suivant
Modifier la procédure :
- réaliser l'exportation des données du planning la nuit du dernier jour du mois.
- *Accepter toute solution cohérente (semaine 52 décalée mois suivant)*

MISSION 3-B Mission liée à l'intéressement

1. Calcul d'intéressement total
- Croissance de l'entreprise : 24,3% donc la base de l'intéressement est de 12% du résultat. Résultat (85 316 €) x 12% = 10 238 €
- Le taux de réabonnement est de 87%. La prime par salarié sera de 300 € x 10 salariés éligibles = 3 000 €.
- L'intéressement total est de 10 238 € + 3 000 € = 13 238 €.

2. Vérification du plafonnement
- L'intéressement est plafonné à 20% du montant des rémunérations (137 258 €), soit 27452 €.
- L'intéressement de 13 238 € est conforme à la loi (inférieur au plafond)

3. Calcul d'intéressement du salarié DULUC
- Croissance de l'entreprise : intéressement (10 238 €) x Salaire brut (12 324 €)/ x Total salaires bruts (137 258 €) = 919 €.
- Taux de réabonnement : 300 €
- L'intéressement total du salarié DULUC sera de 919 € + 300 € = 1 219 €.

4. Comptabilisation de l'intéressement

Code journal	Date	Compte général	Libellé	Débit	Crédit
OD	31/12/16	641400	Intéressement 2016	13 238	
		428600			13 238
OD	31/12/16	645000	Forfait social sur intéressement	2 647,60	
		438600	13 238 x 20%		2 647,60

Accepter 648 pour l'intéressement

5. Formule de calcul sous tableur

Taux de réabonnement	< 60 %	60% à < 70%	70% à <80 %	80 % et +
Montant par salarié (en euros)	0	100 €	200 €	300 €

=SI(B20<60%;0;SI(B20<70%;100;SI(B20<80%;200;300)))

Ou =SI(B20>=80%;300;SI(B20>=70%;200;SI(B20>=60%;100;0)))

Accepter la solution algorithmique

FONCTION INTERESSEMENT (TAUX)

DEBUT

INTERESSEMENT ← 0

SI TAUX >= 0.6
    ALORS
        SI TAUX < 0.7
            ALORS INTERESSEMENT ← 100
            SINON
                SI TAUX < 0.8
                    ALORS INTERESSEMENT ← 200
                    SINON INTERESSEMENT ← 300
                FIN SI
        FIN SI
FIN SI

FIN FONCTION

Possibilité de traiter l'affectation de la valeur 0 à INTERESSEMENT dans les structures conditionnelles (dans ce cas, pas d'initialisation).

Accepter des pourcentages à la place des valeurs décimales.

Utilisation de la fonction dans la cellule B21 :

= INTERESSEMENT(B20)

**BREVET DE TECHNICIEN SUPÉRIEUR
COMPTABILITÉ ET GESTION**

ÉPREUVE U41

ÉTUDE DE CAS

SESSION 2017

———

Durée : 4 heures
Coefficient 6

———

Matériel autorisé :
Une calculatrice de poche à fonctionnement autonome, sans imprimante et sans aucun moyen de transmission,
(Circulaire n°99-186 du 16 novembre 1999 ; BOEN n°42), à l'exclusion de tout autre matériel.

Document autorisé :
Liste des comptes du plan comptable général, à l'exclusion de toute autre information.

Dès que le sujet vous est remis, assurez-vous qu'il est complet.
Le sujet comporte 22 pages, numérotées de 1/22 à 22/22

BREVET DE TECHNICIEN SUPÉRIEUR
COMPTABILITÉ ET GESTION

ÉPREUVE E41 - Étude de cas

Durée : 4 heures
Coefficient : 6

Le sujet se présente sous la forme de 4 missions indépendantes

Page de garde		p.1
Présentation du contexte ACCEMODA		p.2 à 4
MISSION 1 : Traitement de pièces comptables	(38 points)	p. 5
MISSION 2 : Gestion sociale	(37 points)	p. 5
MISSION 3 : Traitement des stocks de foulards à l'inventaire	(21 points)	p. 5
MISSION 4 : Gestion comptable et fiscale d'un investissement	(24 points)	p. 5

ANNEXES

A - Documentation comptable, financière, fiscale et sociale associée à la situation

MISSION 1 : Annexes A1 à A2	p. 6 à 9
MISSION 2 : Annexes A3 à A6	p. 10 à 12
MISSION 3 : Annexes A7 à A10	p. 13 à 14
MISSION 4 : Annexes A11 à A12	p. 14 à 15

B - Extraits issus de la réglementation comptable, financière, fiscale et sociale en vigueur

MISSION 1 : Annexes B1 à B3	p. 16
MISSION 2 : Annexes B4 à B8	p. 17 à 19
MISSION 3 : Annexe B9	p. 19
MISSION 4 : Annexes B10 à B13	p. 20 à 21

C - Annexe à rendre avec la copie

MISSION 2 : Annexe C1	p. 22

Les annexes à rendre sont fournies en un exemplaire. Il ne sera pas distribué d'exemplaires supplémentaires.

AVERTISSEMENTS

Il vous est demandé d'apporter un soin particulier à la présentation de votre copie. Toute information calculée devra être justifiée et les démarches devront être clairement décrites.

Les enregistrements comptables devront être présentés de façon structurée et indiquer les informations suivantes :

- Pour l'ensemble de l'opération : la date, le code journal et le libellé de l'opération,
- Pour chaque ligne de l'opération : le N° de compte général, le N° de compte de tiers (le cas échéant) et le montant "débit" ou "crédit".

Si le texte du sujet, de ses questions ou de ses annexes, vous conduit à formuler une ou plusieurs hypothèses, il vous est demandé de la (ou les) mentionner explicitement dans votre copie.

ENTREPRISE ACCEMODA

➢ PRESENTATION DE L'ENTREPRISE

La SARL ACCEMODA a été créée en région lyonnaise par deux membres de la famille Vincenzi en 1975. Le capital de 150 000 € est encore aujourd'hui entièrement détenu par la famille Vincenzi.
La SARL est spécialisée dans la confection et le négoce d'accessoires de mode pour hommes (cravates, nœuds papillon et écharpes) et femmes (foulards et écharpes). ACCEMODA travaille avec certaines maisons de Haute Couture françaises en raison de la qualité de ses soieries.

En 2016, elle a réalisé un chiffre d'affaires de 1 590 000 € HT et emploie 11 salariés.

➢ ORGANIGRAMME DE L'ENTREPRISE

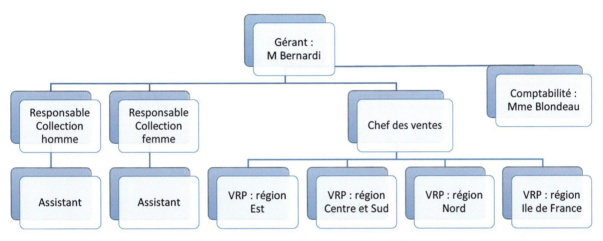

VRP : Voyageur Représentant Placier (commercial exclusif de l'entreprise)

➢ PRESENTATION DES ACTIVITES DE PRODUCTION ET DE NEGOCE

Pour l'activité de production, ACCEMODA fait réaliser la fabrication des articles exclusifs par des ateliers indépendants. Elle les revend auprès de grands magasins et de petits détaillants français et internationaux. Ainsi, le processus de fabrication des articles exclusifs de collection homme ou femme est le suivant :

- ➔ achat de dessins à des stylistes indépendants français,
- ➔ achat de la soie brute (écrue) en Chine,
- ➔ impression de la soie et finition (découpage, ourlage, …) par de petits ateliers extérieurs.

L'ensemble des collections est renouvelé tous les ans.

Pour l'activité de négoce, elle achète pour la revente certains accessoires de mode qui viennent compléter ses collections. Ainsi, l'entreprise ACCEMODA propose des foulards et cravates qu'elle achète directement auprès de fournisseurs réguliers italiens plusieurs mois avant la saison.

➢ ORGANISATION COMPTABLE

En ce qui concerne la TVA, l'entreprise est soumise au régime normal d'imposition. La TVA déductible sur les achats de services auprès des fournisseurs n'ayant pas opté sur les débits est comptabilisée dans un compte d'attente au moment de la réception de la facture. Ce compte est soldé au moment du règlement.

Elle est soumise à l'IS pour l'imposition de ses bénéfices et peut bénéficier du taux réduit réservé aux PME.

Dominique Blondeau est comptable unique de l'entreprise. Un cabinet d'expertise comptable se charge des obligations sociales de la SARL et accompagne Dominique Blondeau pour certaines missions comptables comme par exemple la réalisation des documents de synthèse.

Dominique Blondeau se charge de facturer les clients, de contrôler et comptabiliser les différentes pièces, d'effectuer les déclarations fiscales (déclarations de TVA par exemple), d'enregistrer les écritures d'inventaire et de préparer les fiches pour que le cabinet puisse établir les bulletins de paie et les déclarations sociales. Un PGI est utilisé pour réaliser ces différents travaux.

Les opérations d'achats et de ventes sont traitées à l'aide du module de gestion commerciale. Les écritures comptables correspondantes sont automatiquement intégrées dans le module de comptabilité.

Les frais accessoires d'achat et ceux figurant sur les factures d'acquisition d'immobilisations sont à comptabiliser en compte de charge par nature.

- **Journaux utilisés**

Les journaux utilisés sont les suivants :

Code	Nom
AC	Journal des achats (biens, services et immobilisations)
VT	Journal des ventes
BQ	Journal de banque
CA	Journal de caisse
OD	Journal des opérations diverses

- **Plan tiers de l'entreprise**

Les comptes de tiers de l'entreprise commencent par 411 (clients), 401 (fournisseurs), 421 (personnel - rémunérations dues) ou 423 (personnel - remboursement de frais) et sont suivis des 5 premières lettres du tiers.

Par exemple, le compte du client Galeries Lafayette est 411GALER.

- **Extrait plan comptable de l'entreprise**

L'entreprise ACCEMODA utilise les comptes du plan comptable général (comptes à 6 chiffres) ainsi que les comptes spécifiques suivants :

...	
311000	Stock de soie écrue
355100	Stock produits collection femme
355200	Stock produits collection homme
371000	Stock de foulards
372000	Stock de cravates
...	
423000	Personnel - remboursement de frais
...	
445200	État, TVA due intracommunautaire
445510	État, TVA à décaisser
445624	État, TVA déductible sur immobilisations
445640	État, TVA déductible en attente
445664	État, TVA déductible sur biens et services 20 %
445670	Crédit de TVA à reporter
445714	État, TVA collectée 20 %
...	
601000	Achats de soie
...	
603710	Variation du stock de foulards
603720	Variation du stock de cravates
...	
604000	Achats de dessins
605000	Achats de travaux (gravure, impression, finition...)
...	
607100	Achats de foulards
607200	Achats de cravates
...	
701100	Ventes de produits exclusifs collection homme
701200	Ventes de produits exclusifs collection femme
707100	Ventes de foulards
707200	Ventes de cravates
...	...

➢ ORGANISATION SOCIALE

Tous les mois, Dominique Blondeau prépare les informations à communiquer au cabinet d'expertise comptable pour l'élaboration des fiches de paie.

Le remboursement des frais professionnels des salariés VRP (commerciaux exclusifs de l'entreprise) est réalisé par Dominique Blondeau. Les VRP ont jusqu'au 5 du mois suivant pour lui communiquer leur note de frais. Il vérifie tous les justificatifs et renseigne dans la partie « remarques » si des pièces sont manquantes. Dominique Blondeau calcule le montant des frais qui seront remboursés au salarié et procède à leur comptabilisation.

La convention collective précise que les congés payés sont décomptés en jours ouvrables et les jours d'absence en jours ouvrés.

Vous intervenez en tant que stagiaire comptable pour assister Dominique Blondeau dans son travail.

Mission 1 : Traitement de pièces comptables

Annexes A1 à A2
Annexes B1 à B3

Au mois de décembre 2016, la génération automatique des écritures comptables du module de gestion commerciale a dysfonctionné. La comptabilité n'est donc pas à jour. Dominique Blondeau vous transmet un message électronique pour vous indiquer le travail à réaliser.

Vous devez :
- **Comptabiliser les factures de décembre ;**
- **Procéder aux écritures d'inventaire nécessaires.**

Mission 2 : Gestion sociale

Annexes A3 à A6
Annexes B4 à B8
Annexe C1 (à rendre avec la copie)

Vous assistez Dominique Blondeau dans le traitement du dossier de Claude Parisot, VRP de la région Centre et Sud. Vous intervenez sur le remboursement de ses frais professionnels de décembre 2016 et pour répondre à certaines de ses interrogations.

Vous devez :
- **Calculer et comptabiliser le montant des frais professionnels qui seront remboursés au salarié ;**
- **Répondre par courrier électronique à Claude Parisot qui s'interroge sur ses congés et les conséquences du remboursement de ses frais sur sa déclaration de revenus de 2016.**

Mission 3 : Traitement des stocks de foulards à l'inventaire

Annexes A7 à A10
Annexe B9

Suite à l'inventaire physique réalisé le 2 janvier 2017, Dominique Blondeau vous confie le dossier des stocks de foulards achetés à son fournisseur italien dans le cadre de son activité de négoce. Les collections sont renouvelées tous les ans, les articles des anciennes collections sont donc soldés.

Vous devez :
- **Effectuer les traitements comptables relatifs aux stocks de foulards à l'inventaire ;**
- **Préparer l'automatisation du calcul du taux de dépréciation des stocks.**

Mission 4 : Gestion comptable et fiscale d'un investissement

Annexes A11 à A12
Annexes B10 à B13

En décembre 2016, un véhicule de tourisme a été acquis pour le gérant.

Vous devez effectuer les traitements comptables relatifs à cet investissement conformément aux consignes de Dominique Blondeau.

A – Documentation comptable, financière, fiscale et sociale associée à la situation

ANNEXE A1 : MESSAGE ÉLECTRONIQUE DE MME BLONDEAU

De : blondeau@accemoda.com	A : stagiaire@accemoda.com
Le : 06 janvier 2017	
Objet : Tenue de la comptabilité du mois de décembre et opérations d'inventaire	
Bonjour, Je suis absente toute la journée. Vous trouverez sur mon bureau les factures qui restent à enregistrer dans le module comptable suite au dysfonctionnement du PGI du mois dernier. En ce qui concerne la facture n°2866545, il s'agit d'articles exclusifs de la collection femme. Pour les factures de SilkWeaving et AXA Assurances, je vous remercie d'effectuer également les opérations d'inventaire nécessaires au 31/12/2016. Bon travail, Dominique Blondeau	

ANNEXE A2 : PIÈCES COMPTABLES À TRAITER

ACCEMODA
153 Quai saint Vincent
69001 LYON
Numéro de TVA : **FR72 309265187**

FACTURE

Chics Foulards
7 rue saint Georges
75009 PARIS

N° facture : 2866545

Lyon, le 15/12/2016

Référence	Désignation	Quantité	Unit. HT	Total HT
COQ2016	Foulard soie motif « coquelicots » *Collection Femme 2016*	19	468,00	8 892,00

Taux TVA	Port	Total HT	Total TVA	**Net à payer**
20,00 %	65,00	8 957,00	1 791,40	**10 748,40**

Conditions de paiement : A fin de mois

ANNEXE A2 (suite)

AXA Assurances				
3, Boulevard des Belges				
69006 LYON				
		ACCEMODA		
		153 Quai saint Vincent		
		69001 LYON		
Facture n° 20161205699		Lyon, le 1er décembre 2016		

Code article	Libellé	Qté	Prix unitaire	Montant total
MULT	Assurance Multirisque Incendie, vol, dégats des eaux Pour la période du 01/12/2016 au 30/11/2017	1,00	2 800,00	2 800,00
			Total à payer	2 800,00

ACCEMODA
153 Quai saint Vincent
69001 LYON
Numéro de TVA : **FR72 309265187**

Facture d'avoir établie suite à la remise contractuelle oubliée sur la facture 2866545

AVOIR

Chics Foulards
7 rue saint Georges
75009 PARIS

N° facture avoir : 789   Lyon, le 21/12/2016

Référence	Désignation	Calcul	Total HT
REM5	Remise 5% sur facture 2866545 *Collection Femme 2016*	5% x 8 892,00	444,60

Taux TVA	Total HT	Total TVA	**Net à recevoir**
20,00 %	444,60	88,92	**533,52**

ANNEXE A2 (suite)

IMPRETIVA
ZI « La Turbine »
69170 TARARE
Numéro de TVA : **FR08 726580013**

FACTURE

ACCEMODA
153 Quai saint Vincent
69001 LYON

Prestation de services

N° facture : F1258

Lyon, le 19/12/2016

Référence	Désignation	Quantité	HT / mètre	Total HT
FAC12	Impression soie, motif « un été à Biarritz » *Motif fourni par le client*	15m	63,00	945,00

Taux TVA	Total HT	Total TVA	**Net à payer**
20,00 %	945,00	189,00	**1 134,00**

Date de paiement : 31/01/2017

Silk Weaving Co, Ltd
No. 67, Jiankang Road, Xiacheng Dist
SHANGHAI
CHINA

Invoice Nr. 15648

ACCEMODA
153, quai Saint-Vincent
69001 LYON (France)

Shanghai, December 5th, 2016

Item number	Description	Qty (metres)	Price per unit (US $)	Total Price
5648/12	Raw silk crepe de chine	150,00	10,50	1 575,00
2546/06	Raw silk twill	180,00	9,50	1 710,00
	Packing fee [1]			150,00
	Total Exclusive VAT			3 435,00
	Discount on goods [2]		10%	-328,50
	VAT		0%	0,00
	Invoice amount to pay **(in US dollars)**			3 106,50

(1) Frais d'emballage (2) Remise

ANNEXE A2 (suite)

```
TRANSAC
Transitaire en douane et transport international
176, rue de l'Industrie
38070 SAINT QUENTIN FALLAVIER
```

Facture n° 16-7251
ACCEMODA
153, quai Saint Vincent
69001 LYON
FR 72 309265187

Saint Quentin Fallavier, le 15 décembre 2016

Code article	Libellé	Qté	Prix unitaire	Montant total HT
TVA01	TVA réglée sur livraison Silk Weaving Co, Ltd	1,00	550,45	550,45
DD01	Droits de douane acquittés	1,00	330,00	330,00
FT01	Frais de transport	1,00	200,00	200,00
			Total	1 080,45
		TVA sur prestations	20%	106,00
			Total à payer TTC	1 186,45

TVA acquittée sur les débits
Date de paiement : À réception de la facture

```
TESSUTI SETA
Via Cavour
22100 COMO (Italy)
Tel : +39(0)356458203
E-mail : belagio@tessutiseta.it
IVA intracomunitario : IT56344980548
```

Fattura No. 1235

Ditt. ACCEMODA
153, quai Saint-Vincent
69001 LYON

Como, le 10 dicembre 2016

Cod. Art.	Design.	Qtà	Prezzo unit.	Montante
245L	Foulard Crêpe Chine 90 x 90 blu	50,00	30,00	1 500,00
652K	Foulard Crêpe Chine 90 x 90 verde	50,00	32,00	1 600,00
487L	Foulard twill seta 80 x 80 grigio	40,00	30,00	1 200,00
689L	Foulard seta chiffon 70 x 70	50,00	30,00	1 500,00
			Totale	5 800,00
			Porto [1]	110,00
		IVA	0%	0,00
			Da pagare (EUR) [2]	5 910,00

(1) Frais de transport   (2) Montant à payer

ANNEXE A3 : MESSAGE DE DOMINIQUE BLONDEAU

De : blondeau@accemoda.com	A : stagiaire@accemoda.com
Le : 06 janvier 2017	
Objet : Frais professionnels de Claude Parisot	
PJ : État de traitement – note de frais [1]	
Bonjour,	

Pour le traitement des frais professionnels, j'ai mis au point une feuille de calcul que je vous joins.
Je mets également à votre disposition la note de frais de Claude Parisot, ses informations personnelles ainsi que les modalités de remboursement des frais telles qu'elles sont appliquées dans l'entreprise. Vous avez à votre disposition toute la documentation fiscale et sociale qui vous sera utile pour traiter cette note de frais.

Merci de bien vouloir :
- Compléter l'état de traitement de la note de frais professionnels de Claude Parisot en pièce jointe ;
- Comptabiliser ces frais.

Je vous transfère aussi un message de Claude Parisot qui s'interroge à propos de ses congés et de son impôt sur le revenu 2016. Je vous remercie de lui répondre par courrier électronique et de me mettre en copie.

Bien cordialement,
Dominique Blondeau

> Message du 05/01/17 08:28
> De : parisot@accemoda.com
> A : blondeau@accemoda.com
> Copie à :
> Objet : Congés et impôt 2016

Bonjour,

Cette année, en raison d'un voyage exceptionnel, j'ai pris de nombreux jours de congés en décembre (du 12 au 31). Je voudrais donc faire le point sur mes congés payés. J'aimerais notamment connaître, au 31 décembre, mon solde de congés restant à prendre et le nombre de congés acquis au titre de la période 2016/2017.
De plus, je suis surpris car mon épouse, qui a pris exactement les mêmes congés que moi, a une ligne supplémentaire sur ses bulletins d'octobre et novembre dans le cadre des congés payés. Il apparaît une ligne « jours supplémentaires : 2 ». S'agit-il d'un oubli en ce qui me concerne ?

D'autre part, je souhaite savoir quelles seront les conséquences du remboursement de mes frais professionnels sur ma déclaration d'impôt sur le revenu.

Vous remerciant par avance, cordialement, Claude Parisot.

(1) La pièce jointe est en annexe C1

ANNEXE A4 : INFORMATIONS PERSONNELLES DE CLAUDE PARISOT

> **Relevé des congés payés au 30 novembre 2016**

	Congés payés 2015/2016 (en jours)	Congés payés 2016/2017 (en jours)
Acquis	30	15
Total pris	12	0
Solde	18	15

Dates des derniers congés payés du lundi 1er août 2016 au samedi 13 août 2016.

ANNEXE A4 (suite)

➢ Extrait de la fiche véhicule

Véhicule de société ☐	Véhicule personnel ☒		
	Marque :	PEUGEOT	
	Modèle :	5008	
	Puissance fiscale :	8 cv	
Zone : Région centre et sud		Nombre de km annuel : 40 000	

➢ Extrait du contrat de travail de Claude Parisot

Article 7 – Déplacements professionnels – FRAIS

Pour l'accomplissement de sa mission, le salarié devra utiliser sa voiture personnelle. Il lui appartiendra de justifier, auprès d'Accemoda, qu'il a contracté, tant pour l'utilisation personnelle que professionnelle du véhicule, auprès d'une compagnie d'assurance agréée par l'employeur, une assurance illimitée couvrant toute responsabilité pouvant résulter des accidents causés par sa voiture.
[…]

En outre, la société remboursera au salarié, sur la base des justificatifs des dépenses qu'il aura engagées, les frais de voyage et autres frais professionnels qu'il exposera dans l'intérêt de la société, dans les conditions indiquées en Annexe 4 du contrat de travail.

Le salarié s'engage à effectuer, tant en France qu'à l'étranger, tous les voyages que nécessitent ses fonctions ou qui pourraient être requis par ses supérieurs hiérarchiques.
[…]

ANNEXE 4 du contrat de travail
MODALITÉS DE REMBOURSEMENT DES FRAIS PROFESSIONNELS

1 Véhicule

Tous les frais de transport et frais annexes seront remboursés forfaitairement par l'allocation d'indemnités kilométriques.
Le montant de ces indemnités s'élèvera au montant calculé d'après le barème kilométrique publié chaque année par l'URSSAF.

2 Repas et hébergements

Les frais de restauration et d'hébergement occasionnés par l'éloignement du domicile seront limités au forfait journalier fixé par la législation sociale et fiscale.

ANNEXE A5 : NOTE DE FRAIS DE CLAUDE PARISOT

ACCEMODA   Mois de : DECEMBRE

Employé		Période	
NOM :	PARISOT	du :	01/12/16
		au :	31/12/16

Jours	Localités visitées	Parking et péages	Repas midi	Repas midi – Invitation	Repas soir	Repas soir – Invitation	Hôtels	Kms parcourus
1	ANNECY	15,80	17,00					166
2	ANNECY	16,30	42,00	1 client M Turba				170
5	VALENCE	17,10	20,00					247
6	VALENCE	16,60	17,00					250
7	MARSEILLE	28,60	15,00		16,00		55,00	339
8	MARSEILLE	5,00	17,00		48,00	1 client M Gouda	55,00	37
9	MARSEILLE	27,10	16,00					336
12	CONGÉS du 12 décembre au 31 décembre							
31								
TOTAL		126,50	144,00		64,00		110,00	1 545,00

Signature	Remarques : aucun justificatif manquant
Parisot	Il n'y a eu aucune consommation d'alcool pendant les repas

ANNEXE A6 : PROCÉDURE DE REMBOURSEMENT DE FRAIS

À la fin de chaque mois, les VRP doivent compléter un document appelé « Note de frais », document qu'ils doivent rendre impérativement avant le 5 du mois suivant accompagné de tous les justificatifs.

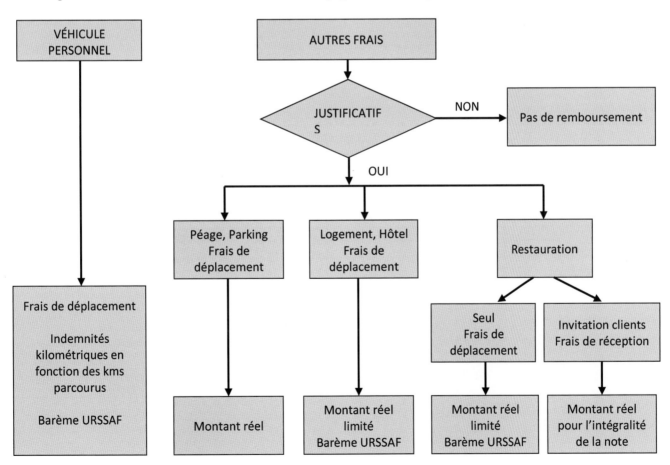

ANNEXE A7 : MESSAGE ÉLECTRONIQUE DE DOMINIQUE BLONDEAU

De : blondeau@accemoda.com
Le : 06 janvier 2017
Objet : Traitement des stocks à l'inventaire
PJ : Fiches d'inventaire des foulards ; Règles de calcul des taux de dépréciations des stocks au 31/12/N

Bonjour,

Je vous transmets les feuilles de calcul qui permettent de valoriser les stocks à l'inventaire à partir d'un % de décote par saison. Il faut calculer les dépréciations sur les stocks de foulards et passer toutes les écritures nécessaires concernant ces stocks à l'inventaire.

D'autre part, j'aimerais utiliser une fonction personnalisée pour calculer le pourcentage de décote des articles en stock selon leur ancienneté dans les fiches d'inventaire. Pour cela, présentez-moi l'algorithme de calcul de ce pourcentage. Je mets à votre disposition les règles de calcul des taux de dépréciation des stocks qui mettent en évidence que plus la collection est ancienne, plus le taux de dépréciation est élevé.

Merci d'avance et bon travail.

Dominique Blondeau

ANNEXE A8 : EXTRAIT DE LA FICHE D'INVENTAIRE DES FOULARDS AU 31/12/2015

Réf. Article	Désignation	Coloris	Quantité en stock	Prix achat HT	Total prix achat HT	Saison	Pourcentage de décote	Valeur stock décoté
N352A	Foulard Crêpe Chine 90 x 90	violet	6	115,00 €	690,00 €	Printemps / Eté 2015	50%	345,00 €
N354B	Foulard Twill soie 80 x 80	noir	10	110,00 €	1 100,00 €	Printemps / Eté 2015	50%	550,00 €
[...]	[...]	[...]	[...]	[...]	[...]	[...]	[...]	[...]
			Total du stock foulards au 31/12/2015		516 900,00 €			499 575,00 €

ANNEXE A9 : EXTRAIT DE LA FICHE D'INVENTAIRE DES FOULARDS AU 31/12/2016

Réf. Article	Désignation	Coloris	Quantité en stock	Prix achat HT	Total prix achat HT	Saison	Pourcentage de décote	Valeur stock décoté
N370A	Foulard Crêpe Chine 90 x 90	jaune	8	130,00 €	1 040,00 €	Automne / Hiver 2015	80%	208,00 €
[...]	[...]	[...]	[...]	[...]	[...]	[...]	[...]	[...]
					Total	3 560,00 €	Automne / Hiver 2015	80%	712,00 €
N431A	Foulard Twill soie 80 x 80	bleu	5	110,00 €	550,00 €	Printemps / Eté 2016	50%	275,00 €
[...]	[...]	[...]	[...]	[...]	[...]	[...]	[...]	[...]
					Total	15 300,00 €	Printemps / Eté 2016	50%	7 650,00 €
N450A	Foulard Crêpe Chine 80 x 80	jaune	10	100,00 €	1 000,00 €	Automne / Hiver 2016	30%	700,00 €
N450B	Foulard Crêpe Chine 80 x 80	mauve	2	100,00 €	200,00 €	Automne / Hiver 2016	30%	140,00 €
N452A	Foulard Crêpe Chine 90 x 90	vert	1	128,00 €	128,00 €	Automne / Hiver 2016	30%	89,60 €
[...]	[...]	[...]	[...]	[...]	[...]	[...]	[...]	[...]
					Total	26 450,00 €	Automne / Hiver 2016	30%	18 515,00 €
N501A	Foulard Twill soie 70 x 70	vert	20	68,00 €	1 360,00 €	Printemps / Eté 2017	0%	1 360,00 €
N501B	Foulard Twill soie 70 x 70	jaune	30	68,00 €	2 040,00 €	Printemps / Eté 2017	0%	2 040,00 €
[...]	[...]	[...]	[...]	[...]	[...]	[...]	[...]	[...]
					Total	485 600,00 €	Printemps / Eté 2017	0%	485 600,00 €
			Total du stock foulards au 31/12/2016		530 910,00 €			512 477,00 €

ANNEXE A10 : RÈGLES DE CALCUL DES TAUX DE DÉPRÉCIATION DES STOCKS AU 31/12/N

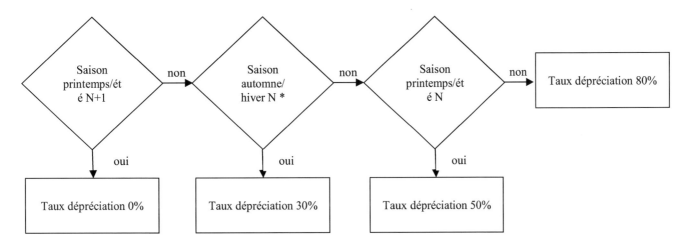

* Au 31 décembre N, la saison automne hiver est terminée.

ANNEXE A11 : MESSAGES ÉLECTRONIQUES DE DOMINIQUE BLONDEAU

De : blondeau@accemoda.com	
A : stagiaire@accemoda.com	Date : 06/01/2017
Objet : Traitement de l'acquisition du véhicule de tourisme	

Bonjour,

En décembre, un stagiaire s'est occupé de la facture d'acquisition du véhicule de tourisme. J'ai besoin de votre aide pour contrôler et poursuivre ce travail. J'ai des doutes concernant le traitement de cette acquisition. Merci de le contrôler et de corriger les erreurs éventuelles.

Ensuite, pour préparer la déclaration fiscale 2058A, j'ai besoin de connaître le montant de la dotation aux amortissements à réintégrer au titre de l'exercice 2016.

Merci d'avance et bon travail.

De : blondeau@accemoda.com	
A : stagiaire@accemoda.com	Date : 09/01/2017
Objet : Calcul prévisionnel de la taxe sur les véhicules des sociétés (TVS)	

Bonjour,

Je viens de calculer le montant de la TVS à payer en novembre 2017 pour le nouveau véhicule. Celui-ci s'élève à 188,50 €. Je vous remercie de bien vouloir vérifier ce montant et justifier les calculs effectués. Précisez-moi également si cette taxe sera déductible de notre résultat fiscal 2017.

Merci.

ANNEXE A12 : INFORMATIONS CONCERNANT LE VÉHICULE DE TOURISME

➢ **Facture du garage Renault**

GARAGE RENAULT
238, rue de la Plaine
69009 LYON
TVA : **FR08 564782**

Facture n° 16-2564

Date de mise en service : 01/12/2016

ACCEMODA
153, quai Saint Vincent
69001 LYON

Date facture : 4 décembre 2016

Réf.	Libellé	Qté	Prix unitaire	Montant total HT
KADJBUS	KADJAR Business Diesel CO_2 : 99g/km	1,00	25 083,33	25 083,33
TOM	Option GPS Tomtom intégré	1,00	316,67	316,67
RS	Roue de secours galette	1,00	100,00	100,00
CG	Carte grise	1,00	382,00	382,00
GO	Carburant Gazole	20,00	0,95	19,00
			Total	25 901,00
	Véhicule de tourisme	Remise	0%	0,00
		TVA sur véhicule	20%	5 100,00
		TVA sur carburant	20%	3,80
			Total à payer TTC	31 004,80

Date de paiement : A réception de la facture

➢ **Écriture de la facture du Garage Renault générée par le PGI**

	04/12/2016			
JL	Compte	Libellé compte	Débit	Crédit
ACH	21820000	Matériel de transport	25 901,00	
	44562400	TVA déductible sur immobilisations	5 103,80	
	404RENAU	Fournisseur garage RENAULT		31 004,80
		* Facture 16-2564 – véhicule Renault Kadjar		

➢ **Extrait de la fiche immobilisation du véhicule Renault Kadjar**

Mode d'amortissement	Linéaire
Durée en mois	60
Base amortissable	25 901,00
Valeur de revente	0,00

Caractéristiques techniques	
Carburant	Diesel
CO_2	99g/km
Puissance	110 CV

B - Extraits issus de la réglementation comptable, financière, fiscale et sociale en vigueur

ANNEXE B1 : Extraits des règles d'évaluation des créances et dettes en monnaies étrangères

2081
[…]
A notre avis, en l'absence de précisions des organismes compétents, il nous paraît possible de retenir l'un des taux de change suivants (choix à effectuer globalement par l'entreprise en fonction des circonstances particulières) :
- taux estimé ayant servi de base à la négociation,
- taux du jour de l'acceptation de la commande,
[…]
- taux du jour de la facturation,
- taux du mois de comptabilisation de la facture.

2082
[…]
II. Comptabilisation des différences de conversion
Lorsque l'application du taux de conversion à la date de l'arrêté des comptes a pour effet de modifier les montants en monnaie nationale précédemment comptabilisés, les différences de conversion sont inscrites à des comptes transitoires, en attente de régularisations ultérieures (C. com. art. R 123-182, PCG, art. 420-5 et art. 944-47) :
à l'actif du bilan, lorsque la différence correspond à une perte latente (compte 476 « Différences de conversion-Actif ») ;
[…]

au passif du bilan, lorsque la différence correspond à un gain latent (compte 477 « Différences de conversion-Passif »).
[…]

V. Pertes latentes
Les pertes latentes entraînent, en revanche (sauf dérogations examinées ci-après, voir n° 2083), la constitution d'une provision pour risques au compte 1515 « Provisions pour pertes de change » par le débit du compte 6865 « Dotations aux provisions financières » (PCG, art. 420-5).
[…]

MÉMENTO PRATIQUE COMPTABLE ÉDITIONS FRANCIS LEFEBVRE

ANNEXE B2 : Régularisation des dettes d'exploitation en fin d'exercice

791
Durant l'exercice, les achats de biens ou services ont été enregistrés lors de la réception des factures qui coïncide habituellement avec la livraison. Toutefois, lorsqu'existe à la date d'arrêté des comptes, pour un motif quelconque, un décalage entre facturation, comptabilisation et livraison, il convient de régulariser la situation à l'occasion des opérations d'inventaire.
[…]

MÉMENTO PRATIQUE COMPTABLE ÉDITIONS FRANCIS LEFEBVRE

ANNEXE B3 : Parité devise DOLLAR / EURO

Date	1 US dollar = xx €
05/12/2016	0,88512
15/12/2016	0,88632
31/12/2016	0,87796
15/01/2017	0,87621

ANNEXE B4 : Taux et barèmes des frais professionnels et des indemnités kilométriques

• Indemnité de grand déplacement

Le grand déplacement se caractérise par l'impossibilité, pour le salarié en situation de déplacement, de regagner son domicile chaque jour. L'indemnité de grand déplacement a pour objet de couvrir les frais supplémentaires de nourriture et de logement engagés par le salarié dans cette situation.

Déplacements en métropole

Montants au 1er janvier 2016

	Repas	Logement et petit déjeuner	
		Paris et départements des Hauts-de-Seine (92), Seine-Saint-Denis (93) et Val-de-Marne (94)	Autres départements
Pour les 3 premiers mois	18,30 €	65,30 €	48,50 €

• Indemnité de petit déplacement

Repas

Montants au 1er janvier 2016

Nature de l'indemnité	Limites d'exonération
Indemnité de restauration sur le lieu de travail	
Salarié contraint de prendre une restauration sur son lieu de travail en raison de conditions particulières d'organisation ou d'horaires de travail (ex : travail en équipe, travail posté, travail continu, travail de nuit, travail en horaire décalé)	6,30 €
Frais de repas engagés par les salariés en situation de déplacement	
Salarié contraint de prendre son repas au restaurant	18,30 €
Salarié non contraint de prendre son repas au restaurant (indemnité de collation hors des locaux de l'entreprise ou sur chantier)	8,90 €

L'indemnité de petit déplacement couvre les frais de repas engagés par un salarié en situation de déplacement ou contraint de prendre son repas sur son lieu de travail.

• Indemnités kilométriques

Voiture

Montants au 1er janvier 2016

Puissance fiscale	Kilométrage parcouru à titre professionnel		
	Jusqu'à 5 000 km	De 5 001 à 20 000 km	Au-delà de 20 000 km
3 cv et moins	d x 0,410	(d x 0,245) + 824	d x 0,286
4 cv	d x 0,493	(d x 0,277) + 1 082	d x 0,332
5 cv	d x 0,543	(d x 0,305) + 1 188	d x 0,364
6 cv	d x 0,568	(d x 0,320) + 1 244	d x 0,382
7 cv et plus	d x 0,595	(d x 0,337) + 1 288	d x 0,401

Lorsque le salarié doit utiliser son véhicule personnel pour son activité professionnelle, l'employeur peut lui verser des allocations forfaitaires pour l'indemniser.
Le barème prend en compte l'ensemble des frais (amortissement du véhicule, assurance, réparations, carburant, etc.) à l'exception des intérêts d'emprunt si le véhicule a été acheté à crédit, des frais de stationnement et des péages.

Source : www.urssaf.com

ANNEXE B5 : Droit à déduction de la TVA sur les frais professionnels

Bien que répondant aux conditions générales de déduction, certains produits ou services sont exclus par les textes du droit à déduction de la TVA. C'est le cas des :
- dépenses de logement faites au bénéfice des dirigeants ou des salariés de l'entreprise ;
- véhicules conçus pour le transport de personnes qui sont inscrits à l'actif de l'entreprise (sauf pour les entreprises de transport de voyageurs ou les auto-écoles) ;
- biens cédés gratuitement ou à un prix inférieur à leur valeur normale (cadeaux) ;
- produits pétroliers ;
- services liés à des biens, eux-mêmes exclus.

www.impots.gouv.fr

ANNEXE B6 : Extraits du Mémento Pratique Fiscal 2016 Francis Lefebvre relatifs aux frais professionnels

§21580 Allocations pour frais
Les allocations spéciales destinées à couvrir les frais inhérents à la fonction ou à l'emploi bénéficient d'une exonération lorsqu'elles sont utilisées conformément à leur objet et que les dépenses correspondantes ne sont pas elles-mêmes déduites du montant imposable au titre des frais professionnels. Le sort des allocations pour frais dépend donc du mode de déduction des frais professionnels : déduction forfaitaire de 10 % ou déduction des frais réels.
[…]
Les allocations pour frais d'emploi peuvent prendre diverses formes : remboursements de frais, indemnités forfaitaires et allocations en nature. […]

§21590 Cas où les frais professionnels sont déduits forfaitairement. Allocations exonérées ou non
Les frais professionnels ouvrent droit à une déduction forfaitaire de 10 %, sauf option pour la déduction des frais réels (n° 22000 s.). Comme on l'a déjà dit (n° 21580), les allocations pour frais d'emploi éventuellement perçues par le salarié sont exonérées dans la mesure où elles couvrent des dépenses non déduites du revenu imposable au titre des frais professionnels. Lorsqu'il est fait application de la déduction forfaitaire de 10 %, la question se pose donc de savoir à quelles catégories de frais correspond cette déduction, afin d'apprécier si et dans quelle mesure les allocations pour frais peuvent être exonérées.

§21610 Cas où les frais professionnels sont déduits pour leur montant réel
Les salariés qui optent pour la déduction des frais réels doivent inclure dans leur revenu brut imposable la totalité des allocations et remboursements pour frais professionnels perçus, quelle qu'en soit la forme. […]

ANNEXE B7 : Documentation sur les congés payés extraite du site travail-emploi.gouv

Qu'appelle-t-on période de référence ?
La période de référence commence le 1er juin de l'année civile précédente et se termine le 31 mai de l'année civile en cours.
[…]

Comment calculer le nombre de jours de congés ?
Le salarié a droit à 2 jours 1/2 de congés par mois de travail effectif, chez le même employeur, c'est-à-dire 30 jours ouvrables de repos (5 semaines) pour une année complète de travail (du 1er juin au 31 mai).
[…]

Dans quels cas le salarié a-t-il droit à des congés supplémentaires ?
   Fractionnement des congés
   Le fractionnement du congé principal de 24 jours ouvre droit à des jours de congés supplémentaires lorsqu'une partie du congé est prise en dehors de la période légale (1er mai-31 octobre) :
   - si le salarié prend, en dehors de cette période, entre 3 et 5 jours de congés, il lui est dû un jour ouvrable supplémentaire ;
   - s'il prend 6 jours et plus, il lui est dû 2 jours ouvrables supplémentaires.

[…]
Il n'y a pas de jour supplémentaire dû pour fractionnement de la 5ème semaine. […]

Remarque : aucun accord ne remet en cause les jours supplémentaires de congés payés accordés en cas de fractionnement du congé principal.

ANNEXE B8 : Calendrier de décembre 2016

DÉCEMBRE 2016						
Lundi	Mardi	Mercredi	Jeudi	Vendredi	Samedi	Dimanche
			1	2	3	4
5	6	7	8	9	10	11
12	13	14	15	16	17	18
19	20	21	22	23	24	25
26	27	28	29	30	31	

ANNEXE B9 : Extrait du Mémento Pratique Comptable 2016 - Éditions Francis Lefebvre

§ 1215
À l'arrêté des comptes, coût d'entrée et valeur actuelle (valeur d'inventaire) sont comparés, et la plus faible des deux est retenue. Si la valeur prise en compte est la valeur actuelle, celle-ci est présentée à partir du coût d'entrée par application à ce dernier d'une dépréciation.
[…]
Les dépréciations sont rapportées au résultat quand les raisons qui les ont motivées ont cessé d'exister.

ANNEXE B10 : TVA sur le carburant

Sont exclus de tout droit à déduction par l'utilisateur final (coefficient d'admission égal à 0) (CGI art. 298, 4.1° et 1° bis ; ann. II art. 206, IV.2.8° ; BOFiP-TVA-DED-30-30-40-12/09/2012) :

-les essences utilisées comme carburants, qu'il s'agisse de véhicules admis ou exclus du droit à déduction ;
-les lubrifiants pour les véhicules et engins exclus du droit à déduction ou pris en location lorsque le preneur ne peut pas déduire la taxe afférente à la location. […]

- **Coefficient d'admission égal à 0,8.** Ce coefficient concerne les gazoles et le Superéthanol E 85 utilisés comme carburants dans des véhicules et engins exclus du droit à déduction ou dans des véhicules et engins pris en location lorsque le preneur ne peut pas déduire la taxe afférente à la location (CGI art. 298, 4.1°.b ; ann. II art. 206, IV.4), à l'exception des gazoles utilisés pour les essais effectués dans le cadre de la fabrication des moteurs ou engins à moteur.

[…]

Source : Hors-série Revue Fiduciaire RF 2016-5 – article 1318

ANNEXE B11 : Extrait du Mémento Pratique Fiscal 2016 - Éditions Francis Lefebvre

9000
Les dépenses énumérées ci-après sont, sauf exceptions, exclues des charges déductibles […] :
- amortissement des voitures particulières, pour la fraction de leur prix d'acquisition qui excède un certain plafond ou loyer correspondant (voir n°9020s.). […]

9020
L'article 39, 4 du CGI interdit, sauf justification, la déduction de l'amortissement des véhicules de tourisme […] pour la fraction de leur prix d'acquisition, taxes comprises, supérieur à 9 900 € pour les véhicules les plus polluant (taux d'émission de dioxyde de carbone supérieur à 200g/km) acquis depuis le 1er janvier 2006 et mis en circulation après le 1er juin 2004. Pour les autres véhicules, le plafond est fixé à 18 300 €.

ANNEXE B12 : Taxe sur les véhicules de société (TVS)

Calcul de la Taxe sur les véhicules de société (TVS)

La première composante du tarif est fonction des émissions de CO2 ou de la puissance fiscale

- **Les véhicules taxés selon les émissions de CO_2**

    Il s'agit des véhicules qui font l'objet d'une réception communautaire, dont la première mise en circulation intervient à compter du 1er juin 2004 et qui n'étaient pas possédés ou utilisés par la société avant le 1er janvier 2006. Pour ces véhicules, il convient d'appliquer le barème dont le tarif applicable est fonction du taux d'émission de carbone (en grammes par kilomètre).

    Le barème applicable est le suivant (article 1010 du code général des impôts, CGI) :

Taux d'émission de carbone (en grammes par kilomètre)	Tarif applicable en gramme de dioxyde de carbone (en euros)
Inférieur ou égal à 50	0
Supérieur à 50 et inférieur ou égal à 100	2
Supérieur à 100 et inférieur ou égal à 120	4
Supérieur à 120 et inférieur ou égal à 140	5,5
Supérieur à 140 et inférieur ou égal à 160	11,5
Supérieur à 160 et inférieur ou égal à 200	18
Supérieur à 200 et inférieur ou égal à 250	21,5
Supérieur à 250	27

[…]

ANNEXE B12 (suite)

<u>La deuxième composante du tarif est fonction des émissions de polluants atmosphériques</u>

Cette seconde composante du tarif de la taxe sur les véhicules de sociétés s'applique pour la période s'ouvrant à compter du 1er octobre 2013. Elle est fonction des émissions de polluants atmosphériques. Ce barème s'applique de la façon suivante :

Année de première mise en circulation du véhicule	Tarif applicable (en euros)	
	Essence et assimilé	Diesel et assimilé
Jusqu'au 31 décembre 1996	70	600
De 1997 à 2000	45	400
De 2001 à 2005	45	300
De 2006 à 2010	45	100
À compter de 2011	20	40

[...]

TVS et impôt sur les sociétés (IS)

La TVS n'est pas déductible du résultat pour le calcul du bénéfice imposable des entreprises soumises à l'IS. Cette charge comptable doit être réintégrée au tableau n° 2058A-SD de la liasse fiscale à la ligne WG (régime réel normal) ou au tableau n° 2033B-SD de la liasse fiscale à la ligne 324 (régime réel simplifié).

[...]

Le nombre de véhicules est déterminé, au premier jour de chaque trimestre civil, dans la période qui s'étend du 1er octobre de chaque année au 30 septembre de l'année suivante (période d'imposition).

http://www.impots.gouv.fr

ANNEXE B13 : Extrait du Mémento Pratique Comptable 2016 - Éditions Francis Lefebvre

1416
Véhicules de tourisme
Le coût d'entrée de ces véhicules comprend :
- le prix d'achat TTC et les frais de mise à disposition figurant sur la facture d'achat ;
- les équipements et accessoires TTC intégrés dans le véhicule, que ceux-ci soient fournis avec le véhicule ou qu'ils fassent l'objet d'une livraison distincte ;
   [...]

ANNEXE C1 (à rendre avec la copie)

ACCEMODA — ÉTAT DE TRAITEMENT - NOTE DE FRAIS — Mois de :

Employé
NOM :   Véhicule (CV) :

Total Kms parcourus		
Indemnités kilométriques		€ / Kms

	Montant frais payés	Montant frais remboursés		TVA déd oui / non	Taux de TVA	Montant inscrit en charge		Montant TVA déductible	
		montant	calcul ou explication			montant	calcul	montant	calcul
PARKING ET PÉAGES					20%				
HOTEL					10%				
REPAS SEUL					10%				
REPAS INVITATION					10%				
ALCOOL					20%				
Indemnités kilométriques									
						TOTAL			

Total frais remboursés :

Total compte 625100   correspond à :
Total compte 625700   correspond à :
Total compte 445660   correspond à :

ÉLÉMENTS INDICATIFS DE CORRIGÉ – COMPTABILITE ET GESTION
CAS ACCEMODA

Compétences couvertes :

L'étudiant doit s'approprier un contexte et le plan comptable propre à l'entreprise pour pouvoir comptabiliser correctement les pièces comptables (cœur de métier / mission 1) : pas d'activité industrielle dans l'entreprise (pas de machines, ni d'outillages industriels), la production est sous-traitée.
Technique comptable : opérations avec l'étranger et achat de services.

Dominique Blondeau, comptable unique, n'établit pas les bulletins de salaire, mais communique les informations nécessaires au cabinet (mission 2). L'étudiant doit appliquer les procédures en vigueur dans l'entreprise tout en respectant la réglementation (frais professionnels).

L'étudiant doit lire et comprendre des documents professionnels (feuilles de calcul) pour réaliser la mission 3.

La mission 4 est plus une mission de contrôle et de corrections à apporter concernant l'acquisition d'un véhicule de tourisme.

Mission 1 **P1 et P2**	- P1 : Se situer et identifier le rôle et les ressources du SIC en termes de traitement d'informations - P1 : Enregistrer les opérations relatives aux ventes, aux achats de biens et services, aux frais accessoires (transport), aux créances en devises, - P2 : Analyser, traiter et enregistrer les opérations d'inventaire nécessaires et obligatoires relatives aux tiers
Mission 2 **P1, P3 et P4**	- P1 : Se situer et identifier le rôle et les ressources du SIC en termes de traitement d'informations - P1 : Contrôler les opérations relatives aux achats de services - P3 : Appliquer les règles fiscales de déductibilité pour le calcul de la TVA à payer ou du crédit de TVA - P4 : Renseigner les éléments personnels de la paie et vérifier les cohérences - P4 : assurer le suivi des congés dans le respect de la réglementation en vigueur
Mission 3 **P2 et P7**	- P2 : Analyser, traiter et enregistrer les opérations d'inventaire nécessaires et obligatoires relatives aux stocks - P7 : Opérer des opérations de traitement des données avec l'outil adapté
Mission 4 **P1, P2 et P3**	- P1 : Contrôler les opérations relatives aux immobilisations - P2 : Analyser, traiter et enregistrer les opérations d'amortissement - P3 : Identifier les impôts dont l'entreprise est redevable (TVS) - P3 : Déterminer le résultat fiscal imposable dans le cadre de l'IS

MISSION 1 : Traitement de pièces comptables (38 points)

MISSION 2 : Gestion sociale (37 points)

MISSION 3 : Traitement des stocks de foulards à l'inventaire (21 points)

MISSION 4 : Gestion comptable et fiscale d'un investissement (24 points)

MISSION 1 – 38 pts

Dans l'ordre de l'énoncé

Forme : Savoir utiliser un plan de compte spécifique, un plan de tiers et tracer un bordereau de saisie utilisable, utilisation des journaux adéquats, respect de la date d'enregistrement requise, justification des calculs.

JL	Compte	Libellé	Débit	Crédit
		15/12/2016		
VT	411CHICS	Facture n° 2866545	10 748,40	
	701200	Chics Foulards		8 892,00
	708500			65,00
	445714			1 791,40
		01/12/2016		
AC	616000	Quittance assurance AXA	2 800,00	
	401AXAAS			2 800,00
		21/12/2016		
VT	709100	Avoir 789	444,60	
	445714	Chics Foulards	88,92	
	411CHICS			533,52
		19/12/2016		
AC	605000	Facture n° F1258	945,00	
	445640	Impretiva	189,00	
	401IMPRE			1 134,00
		05/12/2016		
AC	601000	Facture 15648	2 749,63	
	401SILKW			2 749,63
	3 106,50 $ x 0,88512 = 2 749,63 €			
		15/12/2016		
AC	601000	Facture 16-7251	330,00	
	624100		200,00	
	445664	(550,45 +106)	656,45	
	401TRANS			1 186,45
		10/12/2016		
AC	607200	Facture 1235	5 800,00	
	624100		110,00	
	401TESSU			5 910,00
	445664	5 8000 x 20%	1 182,00	
	445200			1 182,00

Opérations d'inventaire :

JL	Compte	Libellé	Débit	Crédit
		31/12/2016		
OD	401SILKW	Ajustement dette en devise	22,25	
	477200			22,25
Régularisation dette Silk W. 3 106,50 x (0,87796 – 0,88512) = - 22,25 gain de change				
		31/12/2016		
OD	486000	Ajustement compte de gestion	2 566,67	
	616000			2 566,67
	Calcul CCA : 2 800 x 11/12 = 2 566,67			

MISSION 2 – 37 points

NOTE DE FRAIS

ACCEMODA

Mois de : DECEMBRE

Employé

NOM : PARISOT   Véhicule (CV) : 8

| total Kms parcourus : | 1545 | à | 0,401 | € / Kms |

| Indemnités kilométriques | 619,55 |

	Montant frais payés	Montant frais remboursés		Taux de TVA	Tva déd oui / non	Montant inscrit en charge		Montant TVA déductible	
		montant	calcul ou explication			montant	calcul	montant	calcul
PARKING et PEAGES	126,50	126,50	montant réel	20%	oui	105,42	126,5/1,2	21,08	105,42x20%
HOTEL	110,00	97,00	limite : 48,5x2	10%	non	97,00		-	
REPAS SEUL	118,00	116,30	17+18,3+17+15+17+16+16	10%	oui	105,73	116,3/1,1	10,57	105,73x10%
REPAS INVITATION	90,00	90,00	montant réel	10%	oui	81,82	90/1,1	8,18	81,82x10%
ALCCOL	-								
Indemnités kilométriques	619,55					619,55			
						TOTAL		39,83	

Total frais remboursés	1 049,35		
Total compte 625100	927,70	correspond à :	parking et péages, hôtel, repas seul et frais kilométriques
Total compte 625700	81,82	correspond à :	repas invitation
Total compte 445664	39,83	correspond à :	total TVA déductible
CONTRÔLE	OK ?	OK	explication : la somme des comptes 625100 625700 et 445660 correspond au total des frais remboursés

OD 625100 frais de déplacement 927,70
    625700 frais de réception   81,82
    445660 TVA déd/ABS   39,83
    421PAR salarié Parisot   1 049,35

frais professionnels déc 2016 Parisot

frais professionnels en bas du bulletin car non soumis à cotisations
compris dans le NET à PAYER
non compris dans le NET IMPOSABLE

JL	Compte	Libellé	Débit	Crédit
		31/12/2016		
OD ou AC	625100	Frais VRP Parisot	927,70	
	625700	Décembre 2016	81,82	
	445664		39,83	
	423PARIS			1 049,35

De : stagiaire@accemoda.com	
A : blondeau@accemoda.com *(ou directement M. parisot)*	Date : 8/01/2017
Objet : Proposition réponse à M. Parisot	

Bonjour,
J'ai vérifié le solde de vos congés payés figurant sur votre bulletin de salaire de novembre. En effet, comme vous avez pris exceptionnellement plus de congés en dehors de la période légale (1er mai-31 octobre), vous avez droit à des jours supplémentaires cette année. Etant donné qu'il vous restait fin octobre encore 18 jours, soit 12 jours en plus de votre 5ème semaine, vous avez droit à 2 jours ouvrables supplémentaires.
Je vais prévenir le cabinet d'expertise comptable afin qu'il rectifie l'erreur pour le bulletin de décembre.
En décembre, vous avez pris 18 jours ouvrables de congés.
Ainsi, le solde de vos congés payés à fin décembre se présente ainsi :
CP N-1 : solde 2 (18-18+2)
CP N : solde 18 (15 + 2,5).

En ce qui concerne vos frais professionnels, vous avez deux possibilités :
1. *La déduction forfaitaire de 10% des frais professionnels : dans ce cas vos remboursements frais professionnels n'entrent pas dans vos revenus imposables et ne sont donc pas imposables.*
2. *La déclaration des frais réels : vos remboursements de frais professionnels sont à intégrer à vos revenus imposables puis vous pourrez déduire vos frais réels en y intégrant ces remboursements.*

Je reste à votre disposition, cordialement.
Le stagiaire.

Forme du message électronique : Présentation, orthographe, syntaxe

MISSION 3 – 21 points
Calcul des dépréciations de stocks de foulards et écritures de stocks

- **2015**

Dépréciation existante : 516 900 – 499 575 = 17 325 €

JL	Compte	Libellé compte	Débit	Crédit
		31/12/2016		
OD	397100	* Reprise des dépréciations sur SI foulards	17 325,00	
	781700			17 325,00
		31/12/2016		
OD	603710	* Annulation SI foulards	516 900,00	
	371000			516 900,00

- **2016**

Collection printemps 2016 : 15 300 x 50% = 7 650 €
Collection automne 2016 : 26 450 x 30% = 7 935 €
Collection automne 2015 : 3 560 x 80% = 2 848 €
Total dépréciations : 18 433 €
OU
Dépréciation nécessaire : 530 910 – 512 477 = 18 433 €

JL	Compte	Libellé compte	Débit	Crédit
		31/12/2016		
OD	681700	* Dotation dépréciations sur SF foulards	18 433,00	
	397100			18 433,00
	371000	* Constatation SF foulards	530 910,00	
	603710			530 910,00

Algorithme

FONCTION txdépréc (saison : chaîne de caractères) : réel

Début

```
SI saison = "Printemps/Eté N"
    ALORS txdépréc ← 0,5
    SINON SI saison = "Automne/Hiver N"
        ALORS txdépréc ← 0,3
        SINON SI saison = "Printemps/Eté N+1"
            ALORS  txdépréc ← 0
            SINON  txdépréc ← 0,8
            FIN SI
        FIN SI
    FIN SI
FIN SI
```

FIN

MISSION 4 – 24 points

➢ Contrôle de la facture du garage Renault

- La TVA sur l'acquisition des VT n'est pas déductible.
- La carte grise doit être enregistrée en charge sur option de l'entreprise.
- Le gas-oil est une consommation = charge
- La TVA sur le gas-oil est déductible à 80% sur les véhicules de tourisme

Correction de l'enregistrement de la facture garage Renault :
- Montant de l'immo. TTC : (25 083,33 + 316,67 + 100) x 1,20 = 30 600
- Montant à ajouter au compte 2182 : 30 600 – 25 901 = 4 699,00
- TVA déductible sur le GO : 19 x 20% x 80%= 3,04 ;
- Prix du GO avec TVA ND : 19 + 0,76 = 19,76.
- Montant de TVA à créditer du compte 445624 : 5 103,80

JL	Compte	Libellé compte	Débit	Crédit
		04/12/2016		
AC	218200	*Correction facture 16-2564 – véhicule	4 699,00	
	606100		19,76	
	635400		382,00	
	445624			5 103,80
	445664		3,04	

Ou bien contrepasser l'écriture erronée et passer l'écriture suivante :

JL	Compte	Libellé compte	Débit	Crédit
		04/12/2016		
AC	218200	* facture 16-2564 – véhicule	30 600,00	
	606100		19,76	
	635400		382,00	
	445664		3,04	
	404RENAU			31 004,80

➢ Traitement fiscal de l'amortissement de la KADJAR

Dotation linéaire : 30 600 x 20% x 30/360 = 510
Cette dotation n'est pas entièrement déductible : plafonnement sur la base de 18 300 € TTC (CO_2 = 99g/km).
Montant à réintégrer fiscalement : (30 600 – 18 300) x 20% x 30/360 = 205,00

➢ Contrôle du calcul de la TVS

La TVS payée en novembre 2017 couvre la période du 1er octobre 2016 au 30 septembre 2017. Le véhicule a été acheté le 4 décembre 2016, donc il n'était pas présent le 1er jour du trimestre (1er octobre 2016) dans l'entreprise. Ainsi, seuls 3 trimestres sont dus.
1ère composante : (99 x 2) x ¾ = 148,50
2nde composante : 40
Total TVS : 148,50 + 40 = 188,50

Le montant de la TVS qu'ACCEMODA devra payer en novembre 2017 pour ce véhicule est de 188,50 €. ACCEMODA étant une entreprise soumise à l'IS, cette charge ne sera pas déductible du résultat fiscal 2017.

BREVET DE TECHNICIEN SUPÉRIEUR
COMPTABILITÉ ET GESTION

EPREUVE U41

ETUDE DE CAS

SESSION 2018

———

Durée : 4 heures
Coefficient 6

———

Matériel autorisé :
Calculatrice selon Circulaire n° 2015-178 du 1-10-2015(BOEN n°42 du 12 novembre 2015) relative à l'utilisation des calculatrices électroniques pour les DCG, DSCG, DEC et BTS, à compter de la session 2018.

Document autorisé :
Liste des comptes du plan comptable général, à l'exclusion de toute autre information.

Dès que le sujet vous est remis, assurez-vous qu'il est complet.
Le sujet comporte 21 pages, numérotées de 1/21 à 21/21.

CG41ETC

ÉPREUVE E41 - Étude de cas

Le sujet se présente sous la forme de 4 missions indépendantes

Page de garde		p.1
Présentation de l'entreprise		p.2 à 3
MISSION 1 : Opérations courantes	(35 points)	p. 4
MISSION 2 : Gestion sociale	(30 points)	p. 4
MISSION 3 : Gestion fiscale	(35 points)	p. 4
MISSION 4 : Projet de répartition du résultat	(20 points)	p. 5

ANNEXES

A - Documentation comptable, financière, fiscale et sociale associée à la situation

MISSION 1 : Opérations courantes – Annexes A1 à A4 .... p 6 à 8
MISSION 2 : Gestion sociale - Annexes A5 à A8 .... p 9 et 10
MISSION 3 : Gestion fiscale – Annexes A9 à A12 .... p 11 à 13
MISSION 4 : Projet de répartition des bénéfices – Annexes A13 et A16 .... p 14 à 16

B - Extraits issus de la réglementation comptable, financière, fiscale et sociale en vigueur

MISSION 1 : Annexe B1 (documentation comptable) .... p 17
MISSION 2 : Annexe B2 (documentation fiscale et sociale) .... p 18 et 19
MISSION 3 : Annexes B3 à B5 (documentation fiscale) .... p 20 et 21

Les annexes à rendre sont fournies en un exemplaire. Il ne sera pas distribué d'exemplaires supplémentaires.

AVERTISSEMENTS

Il vous est demandé d'apporter un soin particulier à la présentation de votre copie. Toute information calculée devra être justifiée et les démarches devront être clairement décrites.
Les enregistrements comptables devront être présentés de façon structurée et indiquer les informations suivantes :
- Pour l'ensemble de l'opération : la date, le code journal et le libellé de l'opération,
- Pour chaque ligne de l'opération : le N° de compte général, le N° de compte de tiers (le cas échéant) et le montant "débit" ou "crédit".

Si le texte du sujet, de ses questions ou de ses annexes, vous conduit à formuler une ou plusieurs hypothèses, il vous est demandé de la (ou les) mentionner explicitement dans votre copie.

Présentation générale de l'entreprise

Créée en 2004 par son actuel dirigeant Monsieur Jacques Foonsen, la SARL FOONSEN TRADING présente une gamme de produits orientés contre le vol à l'étalage notamment dans les secteurs textile, alimentaire ou bricolage...

La société conçoit les produits qu'elle commercialise mais ne les fabrique pas elle-même. Elle confie la production à des sous-traitants, fidèles collaborateurs depuis plus de dix ans, qui permettent de garantir une qualité constante, une continuité dans la gamme et dans une relation de confiance construite au fil des ans.
En complément de cette activité commerciale, elle propose l'installation et la mise en service de certains de ses produits (pose de portiques et d'antennes).

Les produits sont fabriqués principalement en France. Toutefois, pour certains produits spécifiques, elle a recours à des fournisseurs étrangers.
Elle importe ainsi une vingtaine de containers par an. Elle utilise alors les services de la société Schenker pour tout ce qui concerne le transport aérien et les opérations de dédouanement.

Capital	300 000 € (le capital est entièrement libéré et détenu par des personnes physiques liées à la famille Foonsen)
Effectif	25 salariés
Chiffre d'affaires	4 000 000 €
Responsable commercial	Monsieur Michel Guillaume
Responsable comptable	Madame Vanessa Moulin
Date de clôture de l'exercice comptable	31 décembre de chaque année
Régime d'imposition des bénéfices	Entreprise soumise à l'impôt sur les sociétés. Elle bénéficie du régime de faveur des PME.
Régime fiscal en matière de TVA	L'entreprise est soumise au régime du réel normal. Pour son activité de service, elle a opté pour l'exigibilité d'après les débits. Taux applicable : taux normal (20 %).
Numéro TVA intracommunautaire	FR 89479132722

Système d'information comptable

L'entreprise utilise un PGI (progiciel de gestion intégré). Trois des modules sont principalement utilisés : la gestion commerciale, la comptabilité, et la paye.
Elle utilise également les applications bureautiques courantes.

Organisation comptable

Madame Moulin, chef comptable, supervise les opérations courantes et les travaux d'inventaire. Elle réalise également les documents de synthèse et la liasse fiscale en collaboration avec un cabinet d'expertise comptable.

Journaux utilisés

Code	Nom
ACH	Achats (biens, services et immobilisations)
VTE	Ventes (marchandises et cession d'immobilisations)
BQ	Banque
CA	Caisse
OD	Opérations diverses (TVA, amortissements, ...)
SA	Salaires

Extrait du plan de comptes tiers

411000 CLIENTS	
Code	Libellé
VENTIS	SNC Ventissia
LAURAM	SA Lauramette
DUJARD	SA Dujardin

401000 FOURNISSEURS	
Code	Libellé
FRLYON	Lyonnaise des eaux
FRPLAST	Plasturgie Castelroussine
FRLAMP	Lampiris électricité
FRDING	Ding Fao LTD
FRSCHE	Schenker France
FRAMEYDI	SARL Ameydis

Règles comptables

Les frais accessoires sur achats sont enregistrés dans les comptes de charges par nature.
Les factures en devises sont converties en euros.
Les droits de douane sont ventilés proportionnellement aux achats de marchandises portés sur la facture.
Les factures sont enregistrées à la date de création.

Plan comptable de l'entreprise

La société FOONSEN TRADING utilise les comptes généraux du Plan Comptable Général (comptes à 6 chiffres) ainsi que les comptes spécifiques suivants :

Compte	Intitulé	Compte	Intitulé
444000	Etat - impôts sur les bénéfices	607010	Achats de Colliers Sécurité
445663	Etat - TVA déductible sur autres biens et services sur importations	607020	Achats de Quick Tag (badge antivol)
445664	Etat - TVA déductible sur les encaissements 20 %	607030	Achats de Padlocks
445665	Etat - TVA déductible sur autres biens et services	607040	Achats de Quick Bottle
445620	Etat - TVA déductible sur immobilisations	607050	Achats de portiques antivols
445710	Etat - TVA collectée à 20%	607060	Achats d'antennes
476000	Différences de conversion – Actif	624100	Transport sur achats
477000	Différences de conversion – Passif	624120	Transport sur achats Schenker
512100	Banque - CIC	707010	Ventes de Colliers Sécurité
512200	Banque - HSBC	707020	Ventes de Quick Tag
		707030	Ventes de Padlocks
		707040	Ventes de Quick Bottle
		707050	Ventes de portiques antivols
		707060	Ventes d'antennes
		706100	Forfait pose portiques
		706200	Forfait pose antennes

Votre poste dans la société

Vous êtes comptable, salarié(e) de la SARL FOONSEN TRADING sous la responsabilité de madame Moulin dont l'adresse électronique professionnelle est *moulin@foonsen.fr*.
Vous disposez de l'adresse email suivante : *comptable@foonsen.fr*.
Il vous est demandé de travailler sur quatre missions.

MISSION 1 : OPÉRATIONS COURANTES	Annexes A1 à A4 Annexe B1

MISSION 1-A

Madame Moulin a du retard dans le traitement des opérations courantes du mois de décembre. Elle met à votre disposition une documentation comptable pour vous aider dans la réalisation de cette tâche.

Terminer l'enregistrement des opérations du mois de décembre 2017.

MISSION 1-B

Les enregistrements comptables de novembre ont été réalisés par un stagiaire. Parmi ceux-ci figure une écriture concernant le fournisseur Plasturgie Castelroussine.

Madame Moulin vous charge de :
- ***Identifier les éventuelles erreurs, et justifier les corrections éventuelles à apporter.***
- ***Procéder aux enregistrements comptables nécessaires.***

MISSION 2 : GESTION SOCIALE	Annexes A5 à A8 Annexe B2

Monsieur Laurent Legrand vient d'être embauché en date du 1er décembre 2017 pour étoffer l'équipe de poseurs de portiques antivols dans les grandes surfaces.
Dans le cadre de sa mission, il est amené à réaliser des heures au-delà du nombre prévu dans le contrat.

MISSION 2-A

Le salarié a été enregistré dans le module de paye du PGI. Son bulletin pour le mois de décembre 2017 a été préparé. Madame Moulin veut s'assurer que les éléments saisis concernant M. Legrand sont corrects.

Contrôler le bulletin de paye en justifiant les montants surlignés (police blanche sur fond noir).

MISSION 2-B

Monsieur Legrand, qui était employé dans une grande société d'installation d'alarmes, a déposé au secrétariat, un courrier à destination de madame Moulin.

Préparer une réponse par courrier électronique à l'attention de madame Moulin (moulin@foonsen.fr).

MISSION 3 : GESTION FISCALE	Annexes A9 à A12 Annexes B3 à B5

La société en forte croissance connait quelques difficultés de trésorerie. Monsieur Foonsen souhaite donc évaluer les décaissements prévisionnels pour le premier semestre 2018.
Parmi les flux, va figurer le solde de l'impôt sur les sociétés. madame Moulin vous a transmis un courrier électronique à ce sujet.

Évaluer le solde de l'impôt sur les sociétés de l'exercice 2017 à régler en mai 2018.

MISSION 4 : PROJET DE RÉPARTITION DU RÉSULTAT	Annexes A13 à A16

MISSION 4 - A

Les travaux de révision comptable de l'exercice 2017 sont clos et les documents de synthèse sont achevés.
En prévision de l'assemblée générale, madame Moulin doit préparer le projet de répartition du résultat.

La directrice administrative et financière vous charge de :
- ***Préparer un projet de répartition du bénéfice de l'exercice.***

MISSION 4 - B

Afin d'automatiser les calculs, madame Moulin a demandé à un stagiaire de réaliser une feuille de calcul sur tableur. Le travail n'a pu être terminé avant la fin de son stage. Elle vous demande des précisions sur le travail réalisé.

Préparer une réponse à Mme Moulin.

A- Documentation comptable, financière, fiscale et sociale associée à la situation

Annexe A1 – Factures non comptabilisées du mois de décembre 2017

SARL AMEYDIS
62, Boulevard de la Vrille
36000 CHÂTEAUROUX
FR 89479132722

FOONSEN TRADING
90, rue Ampère
36000 CHÂTEAUROUX

FACTURE
N°2017/1136

Date de facture : 21/12/2017

Code article	Désignation	Quantité	P.U.	Montant
JM16410RXJM	Portique antivol Black Line RF 40	8	852,00	6 816,00
JM13615ZJMP	Quick Tag (badge antivol)	1 740	2,50	4 350,00
	Base taxable	TVA à 20%		TOTAL TTC en euros
	11 166,00	2 233,20		**13 399,20**

Règlement : virement bancaire — Échéance 30 jours

DING FAO LTD
63, Han Sui Street
Wuhan

Cours Euro (EUR) / CNY- RMB chinois
Au 22/12/2017
1 EUR = 7,563 RMB

FOONSEN TRADING
90, rue Ampère
36000 CHÂTEAUROUX
FR 89479132722

Invoice Date : 22/12/2017 — INVOICE N° 2653/256

Art.	Quality	QTY	Unit Price	Amount RMB
2726	Quick Tag JM1X118	10 000	17,40	174 000,00
2156	Padlocks JM1X428	50 000	18,60	930 000,00
2786	Padlocks JM12018R	15 000	23,30	349 500,00
	AMOUNT			**1 453 500,00**
	Due amount			1 453 500,00 RMB

Due date : Net 30 days

Annexe A1 – Factures non comptabilisées de décembre 2017 (suite)

SCHENKER France SAS
3 rue du Clos Thomas
41330 FOSSE
TVA id : FR26311799456
LE 27/12/2017

Concerne les marchandises de la facture 2653/256 de Ding Fao LTD

FOONSEN TRADING

90, rue Ampère
36000 CHÂTEAUROUX

Facture No : 110236687		
Transport marchandises – opérations de dédouanement	Aéroport départ :	SHA Shangai
Expéditeur : Ding Fao LTD	Aéroport arrivée :	CDG
Destinataire : Foonsen Trading		

Droits de douane acquittés pour votre compte	718,00
TVA payée sur les marchandises et les droits de douane	38 580,73
Fret aérien import (transport)	5 946,71
TVA sur fret aérien import 20 %	1 189,34
Total Montant Facture	**46 434,78**

TVA acquittée sur les débits

Total débours	39 298,73	Échéance :	15/01/2018

Annexe A2 – Facture de la société Plasturgie Castelroussine

PLASTURGIE CASTELROUSSINE
23, rue Pierre Loti
36000 Châteauroux

COMPTABILISÉ

SARL FOONSEN TRADING
90, rue Ampère
36000 Châteauroux

Date : 20/11/2017
FACT : 2253/017

Pièce 11/256

Code produit	Description	Qté	P.u.	Montant
CS1221/30	Collier de sécurité 30 mm	1 520	0,85	1 292,00
CS1221/135	Collier de sécurité 135 mm	950	1,65	1 567,50
CS1221/190	Collier de sécurité 190 mm	2 100	1,08	2 268,00
	Total HT			5 127,50
	Remise	2%		102,55
	Port			105,00
	Net commercial			5 129,95
	Escompte 2% pour règlement sous huitaine			102,60
	Net financier			5 027,35
	TVA	20%		1 005,47
	Net à payer			6 032,82

Facture réglée par virement bancaire le 20/11/2017

Annexe A3 – Extrait du journal des achats de novembre 2017

N° de ligne	Date	Numéro des comptes Général	Numéro des comptes Tiers	Libellé	Débit	Crédit
16	…….	…….		…………	…….	…….
17	19/11/2017	607030		Facture n° F228	1 136,87	
18	19/11/2017	445665		Fournisseur LYON	227,37	
19	19/11/2017	401000	FRLYON	Pièce 11/255		1 364,24
20	20/11/2017	607010		Facture n° 2253/017	5 129,95	
21	20/11/2017	445665		Plasturgie	1 005,47	
22	20/11/2017	609700		Castelroussine		102,60
23	20/11/2017	401000	FRPLAST	Pièce 11/256		6 032,82
24		…….		…………	…….	…….

Annexe A4 – Extrait du journal de banque de novembre 2017

N° de ligne	Date	Numéro des comptes Général	Numéro des comptes Tiers	Libellé	Débit	Crédit
51	20/11/2017	…….		…………	…….	…….
52	20/11/2017	401000	FRPLAST	Règlement virement	6 032,82	
53	20/11/2017	512200		HSBC Facture n° 2253/017		6 032,82
54	20/11/2017	401000	FRLAMP	Règlement virement	2 832,11	
55	20/11/2017	512200		Lampiris Facture n° 2356/017		2 832,11

Annexe A5 – Informations relatives à Monsieur Legrand issues du PGI

Contrat de travail : CDI à temps plein (35 h par semaine)
Date d'entrée dans la société : 01/12/2017
Salaire mensuel brut depuis le 1er décembre 2017 : 1 580 €
Adresse : 56, rue des Grivelles 36000 Châteauroux

Relevé des heures de M. Legrand au mois de décembre 2017

	L	M	M	J	V
Semaine 48					7
Semaine 49	8	8	9	10	9
Semaine 50	7	10	8	10	7
Semaine 51	7	8	8	7	7
Semaine 52	7	7	7	9	7

Avantage en nature véhicule : 308 Peugeot
Date d'acquisition : 06/09/2017
Valeur d'acquisition : 14 500 € TTC.
Le coût annuel de l'assurance s'élève à 450 € et les frais d'entretien à 650 €.
L'entreprise ne prend pas en charge le carburant.
L'avantage en nature est évalué selon la méthode forfaitaire. Pour une évaluation mensuelle, on rapporte le coût annuel au nombre de mois d'utilisation.

Annexe A6 – Calendrier décembre 2017

	L	M	M	J	V	S	D
Semaine 48					1	2	3
Semaine 49	4	5	6	7	8	9	10
Semaine 50	11	12	13	14	15	16	17
Semaine 51	18	19	20	21	22	23	24
Semaine 52	25	26	27	28	29	30	31

Annexe A7 – Courrier de Monsieur Legrand

Monsieur Legrand Laurent
56 rue des Grivelles
36000 Châteauroux

A Madame Moulin

Le 20 décembre 2017

Bonjour madame,

Avant d'être embauché dans la SARL Foonsen Trading, j'ai travaillé 6 ans chez Vérisure. Dans cette entreprise, je n'avais pas l'habitude de bénéficier d'un véhicule en avantage en nature.

Pourriez-vous m'indiquer les conséquences de cet avantage sur mon bulletin de paye ainsi que sur l'imposition de mes revenus ?

Je vous remercie de l'attention que vous porterez à ma demande.

Je vous prie d'agréer, Madame, mes salutations distinguées.

Laurent Legrand

Annexe A8 – Bulletin de paye de Laurent Legrand

BULLETIN DE PAIE				Période :	Décembre 2017
N° SS :	LEGRAND Laurent 1 90 09 36 086 087 38			**FOONSEN TRADING**	
Emploi :	poseur installations			90 Rue Ampère	
Coeff. ou Indice :				36000 Châteauroux	
Adresse :	56, rue des Grivelles			Siret 47913272200018 NAF 4742Z	
Code Postal et ville	36000 Châteauroux			URSSAF Châteauroux	
				CCN Commerce et services de l'audiovisuel, de l'électronique et de l'équipement	
SALAIRE	**HEURES**	**TAUX**	**MONTANT €**		
Salaire de base	151,67		1 580,00		
HS à 25%	19,00	13,918	264,44		
HS à 50%	1,00	16,70	16,70		
Avantage en nature véhicule			108,75		
SALAIRE BRUT :	**TOTAL I**		**1 969,89**		
COTISATIONS SOCIALES	**BASE €**	**PART**	**SALARIALE**	**PART**	**PATRONALE**
		%	**Total €**	**%**	**Total €**
C.S.G. + C.R.D.S. non déductible	1 988,00	2,90	57,65		
C.S.G. déductible	1 988,00	5,10	101,39		
Total			159,04		
SECURITE SOCIALE (URSSAF)					
- assurance maladie	1 969,89	0,75	14,77	12,89	253,92
- solidarité autonomie	1 969,89			0,30	5,91
- assurance vieillesse					
. déplafonnée	1 969,89	0,4	7,88	1,90	37,43
. plafonnée	1 969,89	6,90	135,92	8,55	168,43
- allocat. familiales	1 969,89			3,45	67,96
- aide au logement (FNAL)	1 969,89			0,50	9,85
versement transport	1 969,89			1,75	34,47
- forfait social	52,58			8,00	4,21
- contribution dialogue social	1 969,89			0,016	0,32
- accidents du travail	1 969,89			1,30	25,61
Total			158,57		608,11
ASSURANCE CHOMAGE (Pôle emploi)					
- Assurance Chômage	1 969,89	2,40	47,28	4,00	78,80
- Cotisation AGS (FNGS)	1 969,89			0,20	3,94
Total			47,28		82,74
RETRAITE COMPLEMENTAIRE					
non cadre					
Retraite + AGFF Tr A (ARRCO)	1 969,89	3,90	76,83	5,850	115,24
Prévoyance (assur. décès) TrA	1 969,89			1,400	27,58
Mutuelle (frais de santé)			25,00		25,00
APEC (AGIRC)					
Réduction Fillon					189,31
Total			101,83		167,82
TOTAL DES COTISATIONS	**TOTAL II**		**466,72**		**669,36**
	TOTAL I - II		1 503,17		
Avantage en nature			108,75		
Indemnités			0,00		Conservez
SALAIRE NET			1 394,42		ce bulletin
Acompte					sans limitation
SALAIRE NET A PAYER			**1 394,42**		
SALAIRE IMPOSABLE	Cumulé	Mois		Date de paiement :	
	1 585,82	1 585,82		29/12/2017	

Conservez ce bulletin de salaire sans limitation de durée pour faire valoir vos droits

Annexe A9 – Finalisation du calcul de l'impôt sur les sociétés

De : *moulin@foonsen.fr*	À : *comptable@foonsen.fr*
Le : 31 janvier 2018	
Objet : estimation du solde d'impôt sur les sociétés 2017	
PJ : Points de vigilance.pdf	

Afin de répondre aux interrogations de monsieur Foonsen sur les flux de trésorerie prévisionnels au premier semestre 2018, il convient de :

- déterminer les plus ou moins-values nettes de l'exercice ainsi que leur impact sur le résultat fiscal ;

- évaluer le résultat fiscal en partant du résultat fiscal provisoire que j'ai déterminé et qui s'élève à 192 000 €. Vous penserez à justifier les réintégrations et les déductions éventuelles ; *merci de me présenter vos résultats sous forme de tableaux en m'apportant toutes les explications nécessaires* ;

- estimer le montant de l'impôt sur les sociétés, puis après déduction des acomptes versés en 2017, le solde restant dû en mai 2018.

J'ai extrait du PGI les comptes du grand livre qui sont nécessaires pour les retraitements fiscaux liés aux charges non déductibles et aux produits non imposables.
Je vous joins également une note de notre expert-comptable à partir de laquelle vous pourrez, parmi les différents points de vigilance cités, repérer les retraitements fiscaux à effectuer.

Cordialement

Vanessa MOULIN

Annexe A10 – Calcul du résultat fiscal – Points de vigilance – Pièce jointe au mail

Cabinet comptable GESCO
11 rue Jean Jaurès 36000 CHATEAUROUX

Madame Moulin, je me permets d'attirer votre attention sur les points suivants pour le calcul du résultat fiscal :

Produits qui peuvent nécessiter un retraitement :

- ✓ Subventions.
- ✓ Produits des titres de participation – régime mère-fille.
- ✓ Gains sur créances et dettes (Différence de conversion passif et reprises sur provision pour perte de change).

Charges qui peuvent nécessiter un retraitement :

- ✓ Dépenses somptuaires et amortissements excédentaires des véhicules de tourisme.
- ✓ Pertes sur créances et dettes (Différence de conversion actif et provision pour perte de change).
- ✓ Dons.
- ✓ Intérêts des comptes courants d'associés.
- ✓ La taxe sur les véhicules de société.
- ✓ Allocations forfaitaires pour frais d'emploi.
- ✓ Charges de personnel excédentaires.
- ✓ Jetons de présence.
- ✓ Amendes et pénalités.

Vous n'oublierez pas de traiter le sort des plus ou moins-values nettes sur cessions.

Annexe A11 – Synthèse des cessions régulièrement comptabilisées réalisées pendant l'exercice 2017

Compte	Eléments	Acquisitions		Cumul des amortissements à la date de cession	Cessions	
		Date	Valeur d'origine HT		Date	Prix de cession HT
218230	Remorque LIDER	01/04/2014	16 430,00 €	11 227,00 €	01/09/2017	7 500,00 €
261000	Titres de participation PLASCO	01/09/2014	5 000 parts sociales au prix unitaire de 12 €		10/11/2017	1 000 parts sociales au prix unitaire de 14 €

Annexe A12 – Extrait du grand livre de comptes au 31/12/2017 (suite)

218210 Véhicules de tourisme				
Date	Libellé	Débit	Crédit	Solde
……	………….			62 900,00
01/07/2017	Acquisition Citroen Picasso Fact n° 750/16	26 200,00		89 100,00

L'entreprise a acquis un C4 Picasso, amorti en linéaire sur 5 ans qui émet 120 grammes de CO_2 par kilomètre parcouru.

2818210 Amortissement des véhicules de tourisme				
Date	Libellé	Débit	Crédit	Solde
……	………….			- 41 220,00
31/12/2017	Annuité Citroen C4 Picasso		2 620,00	- 43 840,00

444000 État - impôts sur les bénéfices				
Date	Libellé	Débit	Crédit	Solde
01/01/2017	Solde à nouveau			- 3 280,00
15/03/2017	Versement 1er acompte 2017	9 120,00		5 840,00
10/05/2017	Liquidation I.S. 2016	3 280,00		9 120,00
15/06/2017	Versement 2e acompte 2017	11 800,00		20 920,00
15/09/2017	Versement 3e acompte 2017	10 460,00		31 380,00
15/12/2017	Versement 4e acompte 2017	10 460,00		41 840,00

476000 Différences de conversion - Actif				
Date	Libellé	Débit	Crédit	Solde
31/12/2017	Perte latente facture n° 2653/256	7 525,82		7 525,82

671200 Pénalités, amendes fiscales et sociales				
Date	Libellé	Débit	Crédit	Solde
06/05/2017	Infraction code de la route n°1256/17	95,00		95,00

671300 Dons, libéralités				
Date	Libellé	Débit	Crédit	Solde
12/10/2017	Don Ligue Cyclisme Handisport **(1)**	650,00		650,00

(1) Opération réalisée dans le cadre d'un mécénat au profit de la Ligue Handisport

681130 Dotations aux amortissements des véhicules de tourisme				
Date	Libellé	Débit	Crédit	Solde
……..	………….			15 725,00
31/12/2017	Dotation 2017 Citroen C4 Picasso	2 620,00		18 345,00

686500 Dotations aux provisions financières				
Date	Libellé	Débit	Crédit	Solde
31/12/2017	Dotation perte latente facture n° 2653/256	7 525,82		7 525,82

761100 Revenus des titres de participation				
Date	Libellé	Débit	Crédit	Solde
10/09/2017 **(2)**	Virement dividendes SARL Plasco		3 260,00	- 3 260,00

(2) La détention de ces titres permet à la SARL FOONSEN TRADING de bénéficier du régime mère-fille. La société a opté pour ce régime.

Annexe A13 – Extrait des statuts de la SARL FOONSEN TRADING

Chapitre II – Apports – Capital social

Article 7 : Apports

Apports en numéraire
Les associés apportent à la société la somme de 300 000 €.

Sur ces apports en numéraire,
- Monsieur Jacques Foonsen apporte la somme de 160 000 euros ;
- Madame Nicole Foonsen apporte la somme de 40 000 euros ;
- Monsieur Victor Foonsen apporte la somme de 50 000 euros ;
- Monsieur Daniel Jardin apporte la somme de 50 000 euros.

Les parts sociales représentant ces apports en numéraire sont libérées à hauteur de 100 % de leur valeur.

Article 8 : Capital social

Le capital social est de 300 000 euros.
Il est divisé en 6 000 parts de 50 € chacune, entièrement libérées, souscrites en totalité par les associés et attribuées à chacun d'eux en proportion de leurs apports respectifs. […]

Chapitre VII – Affectation des résultats et dividendes

Article 26 : Affectation des résultats

Après approbation des comptes et constatation de l'existence d'un bénéfice distribuable, un prélèvement de 5 % est effectué pour constituer le fonds de réserve légale.
Le prélèvement de 5 % cesse d'être obligatoire lorsque le fonds atteint le dixième du capital social.

L'Assemblée Générale détermine, sur proposition de la gérance, toutes les sommes qu'elle juge convenable de prélever sur ce bénéfice pour être reportées à nouveau sur l'exercice suivant ou inscrites à un ou plusieurs fonds de réserves facultatifs ordinaires ou extraordinaires, généraux ou spéciaux, dont elle règle l'affectation ou l'emploi.

Le bénéfice distribuable est constitué par le résultat de l'exercice diminué des pertes ordinaires et de la réserve légale augmentée du report bénéficiaire.

Article 27 : Dividendes

Aucun dividende ne peut être mis en paiement avant approbation des comptes et constatation de l'existence des sommes distribuables au moins égales à son montant.
Les modalités de la distribution sont fixées par l'assemblée des associés, ou à défaut par la gérance.

Annexe A14 – Projet d'affectation du résultat 2017 et propositions à l'assemblée générale

Extraits de la balance des comptes avant répartition des bénéfices au 31/12/2017

Comptes		Soldes	
N°	Intitulé	Débiteurs	Créditeurs
101300	Capital social		300 000,00
106110	Réserve légale		24 830,00
106800	Réserve facultative		102 500,00
110000	Report à nouveau (solde créditeur)		3 600,00

Extraits de l'imprimé fiscal 2058-A de l'exercice 2017

Proposition d'affectation du résultat de l'exercice 2017 qui sera faite à l'assemblée générale par Monsieur Foonsen

- Dotation à la réserve légale selon les modalités prévues par les statuts,
- Dotation à la réserve facultative à hauteur de 50 000 €,
- Sur le solde, distribution de dividendes constitués :
    - d'un premier dividende de 3% calculé sur le capital libéré,
    - d'un dividende complémentaire (ou superdividende), arrondi à l'euro inférieur.

Annexe A15 – Projet d'automatisation sur tableur d'affectation du résultat

	A	B	C
1		Tableau d'affectation du résultat	
2		AFFECTATION	ORIGINES
3	Résultat net comptable		138500
4	Report à nouveau N-1 débiteur		0
5	Dotation à la réserve légale	=MIN(10%*B17-B18;5%*(C3+C4))	
6	Report à nouveau N-1 créditeur		3600
7	Bénéfice distribuable		=SOMME(C3:C6)-B5
8	Dotation à la réserve facultative	50000	
9	Autres réserves décidées par l'AG	0	
10	Reste à distribuer		=C7-B8-B9
11	Dividendes		
12	Dont premier dividende		
13	Dont second dividende		
14	Report à nouveau N		
15	Contrôle	=SOMME(B3:B14)	=C3+C4+C6
16			
17	Capital social	300000	
18	Réserve légale au 31/12/N-1	24830	
19	Nombre de parts sociales	6000	
20			
21	Calcul du second dividende unitaire	=ARRONDI.INF((C10-B12)/B19;0)	

Annexe A16 – Demande de précisions du travail sur tableur

De : moulin@foonsen.fr	À : comptable@foonsen.fr
Le : 27 mars 2018	
Objet : Demande de précisions sur le tableau d'affectation des résultats	

Je viens de consulter le travail sur tableur réalisé par notre dernier stagiaire.
Pourriez-vous :

- d'une part, m'apporter quelques explications sur la formule qu'il a implantée dans la cellule B21 pour le calcul du dividende complémentaire (ou superdividende unitaire),
- d'autre part, me préciser les formules que je dois saisir dans les cellules B12, B13 et B14.

Merci pour votre collaboration.

Cordialement

Vanessa MOULIN

B- Documentation technique - comptable, financière, fiscale et sociale

Annexe B1 – Extraits du mémento pratique comptable Francis Lefebvre

§ 800 Enregistrement des approvisionnements et marchandises achetés
Selon le PCG (art. 946) :
Principe
Les achats sont comptabilisés hors taxes récupérables c'est-à-dire au **prix d'achat** qui s'entend du prix facturé, net de taxes récupérables auquel s'ajoutent notamment les droits de douane afférents aux biens acquis (prix rendu frontière).
Les **frais accessoires d'achat externes** (payés à des tiers) sont, en principe, de par leur nature, inscrits au compte 61/62 « Autres charges externes » …

§ 2081 Comptabilisation des factures d'achats et de ventes en devises
En l'absence de précision des textes, à notre avis, un achat (une vente) libellé(e) en devises est comptabilisé(e) :
- au prix d'achat (de vente) qui s'entend du prix facturé,
- lequel est converti au cours du jour de l'opération d'achat (de vente), c'est-à-dire le cours du jour au cours duquel se produit le fait générateur de l'achat (de la vente).

Annexe B2 – Documentation sociale et fiscale

§ 1201- Base de rémunération des heures supplémentaires

Salaire réel - L'employeur doit intégrer à la base de calcul de la majoration pour heures supplémentaires le salaire de base effectif réel (circ. DRT 94-4 du 21 avril 1994) et les avantages en nature (cass. soc. 23 mars 1989, n° 86-45353 D).

Primes à inclure - Pour calculer le taux horaire de base, l'employeur doit intégrer toutes les primes qui constituent la contrepartie directe du travail fourni, ainsi que, selon l'administration (circ. DRT 94-4 du 21 avril 1994), les primes inhérentes à la nature du travail.

Eléments du salaire imposable – Extrait du memento fiscal Francis Lefebvre 2017

§ 21565 Avantage en nature véhicule

Un véhicule automobile d'entreprise **mis gratuitement à la disposition d'un salarié** peut être utilisé à des fins professionnelles ou à des fins personnelles. L'usage peut également être mixte.

a) L'utilisation du véhicule pour des **déplacements privés** constitue pour le salarié un avantage en nature qui doit être ajouté à sa rémunération brute. Cet avantage est évalué sur la base des dépenses réellement engagées ou, sur option de l'employeur, sur la base d'un forfait, comme l'indique le tableau ci-après.

Modes d'évaluation		Véhicule acheté		Véhicule en location (le cas échéant avec option d'achat)
		5 ans et moins	Plus de 5 ans	
Selon dépenses réelles (évaluation annuelle)	Dépenses prises en compte	Amortissement, soit 20 % du coût d'achat TTC du véhicule + assurance + frais d'entretien [1]	Amortissement, soit 10 % du coût d'achat TTC du véhicule + assurance + frais d'entretien [1]	Coût de location + assurance + frais d'entretien [1]
	Montant de l'avantage en nature	Montant total des dépenses ci-dessus × kilométrage à titre privé / kilométrage total du véhicule + le cas échéant, frais réels de carburant pris en charge par l'employeur		
Selon forfait annuel	L'employeur ne paie pas le carburant	9 % du coût d'achat TTC du véhicule	6 % du coût d'achat TTC du véhicule	30 % [2] du coût global annuel (location, entretien, assurance)
	L'employeur paie le carburant	Idem + frais réels de carburant ou sur option, 12 % du coût d'achat TTC du véhicule	Idem + frais réels de carburant ou sur option, 9 % du coût d'achat TTC du véhicule	Idem + frais réels de carburant ou sur option, 40 % [2] du coût global annuel (location, assurance, entretien, carburant)

(1) + frais de réparation non amortissables exposés par l'employeur (CE 21-11-2007 n° 279872 : RJF 2/08 n° 144).

(2) L'évaluation forfaitaire ainsi obtenue est, le cas échéant, plafonnée à celle applicable pour les véhicules achetés, cette dernière étant calculée sur la base du prix d'achat TTC acquitté par le loueur.

Annexe B2 – Documentation sociale et fiscale (Suite)

Extrait du memento Paie 2017 Francis Lefebvre

§ 5075 Sommes soumises à CSG et à CRDS

Les assiettes de la CSG et de la CRDS sur les revenus d'activité sont identiques. Cette assiette comprend notamment :
- les salaires et les sommes assimilées, y compris celles perçues par les dirigeants de sociétés assimilés aux salariés ;
- les avantages en nature ou en espèces. Toutefois, lorsque la rémunération est exclusivement composée d'avantages en nature, la CSG et la CRDS ne s'appliquent pas ;
- les contributions patronales de retraite supplémentaire et de prévoyance complémentaire ;
- les participations au financement des mutuelles, quelle que soit leur forme.

Une déduction forfaitaire spécifique représentative de frais professionnels de 1,75 % est opérée sur l'assiette de la CSG et de la CRDS. Elle concerne uniquement les salaires proprement dits.

…../….

Cotisations déductibles du revenu imposable - Extrait de la revue fiduciaire - Date de parution : Janvier 2017 (mise à jour le 15/01/2017)

Sécurité sociale, ARRCO, AGIRC et assurance

Sont déductibles du revenu imposable les parts salariales (CGI art. 83, 1° et 2° bis) :
- des cotisations de sécurité sociale (assurance maladie, assurance vieillesse) ;
- des contributions d'assurance chômage ;
- des contributions aux régimes de retraite complémentaire légalement obligatoires (ARRCO, AGIRC, IRCANTEC, CRPNAC) ;
- des contributions AGFF ;

[…]

Part patronale aux garanties « Frais de santé » - Depuis le 1er janvier 2013, les contributions patronales destinées à financer des garanties « Frais de santé » sont imposables dès le premier euro (CGI art. 83, 1° quater, al. 3).
[…]

CSG et CRDS

Parts déductible et non déductible - La CRDS n'est pas déductible du revenu imposable.
La CSG se ventile en deux éléments :
- une part déductible (CGI art. 154 quinquies) : 5,10 % pour les revenus d'activité (en principe, 3,80 %, 4,20 % ou 5,10 % ou pour la CSG sur les revenus de remplacement) ;
- une part non déductible (2,40 %).

Annexe B3 – Plus-values professionnelles (IS) - extraits de la Revue Fiduciaire

§ 229-1 Immobilisations corporelles et incorporelles. Les plus et moins-values de cession d'éléments de l'actif immobilisé réalisées par les sociétés soumises à l'IS relèvent du régime des plus et moins-values à court terme, qu'elles portent sur les immobilisations corporelles ou incorporelles. Elles sont prises en compte pour la détermination des résultats imposables au taux de droit commun.
[…]

§ 229-2 Titres du portefeuille. Pour les sociétés soumises à l'IS, le régime des plus-values et moins-values à long terme s'applique exclusivement (CGI art. 219, I a ter.al. 1) :
- aux titres de participation au sens fiscal ;
- aux parts de fonds communs de placement à risques ou de sociétés de capital risque qui remplissent certaines conditions et qui sont détenues par l'entreprise depuis au moins 5 ans.

Les autres titres sont exclus du régime des plus-values à long terme.
[…]

Annexe B4 – Documentation fiscale - extraits de la Revue Fiduciaire sur la déductibilité de certains produits et charges

§ 744 Non-déductibilité des dépenses ouvrant droit à une réduction d'impôt
Pour les entreprises imposables selon un régime réel d'imposition (normal ou simplifié), les dépenses de mécénat ouvrant droit à réduction d'impôt ne sont pas déductibles et sont réintégrées de manière extra-comptable, pour la détermination du résultat fiscal, sur la ligne « Réintégrations diverses » du tableau 2058-A (ligne WQ).

§ 234-1 Régime mère-fille. Ce régime est un régime optionnel qui permet à une société mère soumise à l'IS de déduire de son résultat fiscal les dividendes reçus de ses filiales, sous réserve de la taxation d'une quote-part de frais et charges dont le taux est fixé à 5 % […].

§ 227-5 Pour les véhicules de tourisme acquis ou loués entre le 1er janvier 2017 et le 31 décembre 2017, l'amortissement est exclu des charges déductibles pour l'établissement de l'impôt pour la fraction de leur prix d'acquisition qui dépasse (CGI art. 39, 4) :
- 30 000 € lorsque les véhicules ont un taux d'émission de CO_2 inférieur à 20 g/km ;
- 20 300 € lorsque le taux d'émission de CO_2 est supérieur ou égal à 20 grammes et inférieur à 60 g/km ;
- 18 300 € lorsque le taux d'émission de CO_2 est supérieur ou égal à 60 grammes et inférieur ou égal à 155 g/km ;
- 9 900 € lorsque ces véhicules ont un taux d'émission de CO_2 supérieur à 155 g/km.

§ 2022 Gains et pertes sur créances et dettes
Les créances et dettes en monnaies étrangères sont converties et comptabilisées en euro sur la base du dernier cours du change. Lorsque l'application du taux de conversion à la date de clôture de l'exercice a pour effet de modifier les montants précédemment comptabilisés, les différences de conversion sont inscrites au bilan :
- perte latente : compte 476 « Différence de conversion actif » ;
- gain latent : compte 477 « Différence de conversion passif ».

Ces écritures comptables n'ont aucune incidence sur le résultat imposable (sauf exception, voir § 2024). Seules les pertes latentes entraînent la constitution d'une provision pour risque (compte 151). Du point de vue fiscal, la provision constatée n'est pas déductible. Les gains et les pertes constatés par rapport aux montants initialement comptabilisés (créances et dettes nées au cours de l'exercice) ou par rapport à leur valeur à la clôture de l'exercice précédent (créances et dettes nées avant l'ouverture de l'exercice) sont à comprendre dans le résultat fiscal.
Compte tenu des divergences entre les règles comptables et fiscales, le tableau 2058-A doit enregistrer les corrections suivantes.
Provision pour perte de change :
- dotation : réintégration sur tableau 2058 (ligne WI) ;
- reprise : déduction sur tableau 2058 (ligne WU).

Écart de conversion de l'exercice (créances et dettes hors euromonnaies) :
- actif : déduction sur tableau 2058 (ligne XG) ;
- passif : réintégration sur tableau 2058 (ligne WQ).

[…]

Annexe B5 – Documentation fiscale - Extraits de la Revue Fiduciaire

§ 18865 Imposition des plus-values nettes de cession de titres de participation
Pour les titres de participation relevant du taux de 0 %, la quote-part de frais et charges imposable de 12 % s'applique sur le montant brut des plus-values de cession de titres (CGI art. 219, a quinquies).

§ 741 Réduction d'impôt pour dons
Les dépenses de mécénat, retenues dans la limite de 5 ‰ du chiffre d'affaires HT de l'entreprise, ouvrent droit à une réduction d'impôt égale à 60 % des versements effectués (CGI art. **238 bis**).
La réduction d'impôt pour dons (CGI art. 238 bis) bénéficie aux entreprises assujetties à l'impôt sur le revenu (IR) ou à l'impôt sur les sociétés (IS) selon un régime réel d'imposition. (Extraits de la Revue Fiduciaire)

Taux d'IS de droit commun

[…] Pour les exercices ouverts à compter du 1er janvier 2017, le taux de 28 % est appliqué aux PME éligibles au taux réduit d'IS de 15 % pour la fraction de leur bénéfice comprise entre 38 120 € et 75 000 € […]

Taux d'IS par tranches de bénéfice		
Exercices ouverts à compter du 1er janvier	PME réunissant les conditions pour bénéficier du taux de 15 %	[…]
2017	15 % jusqu'à 38 120 € 28 % pour la fraction du bénéfice comprise entre 38 120 € et 75 000 € 33 1/3 % au-delà de 75 000 €	[…]

ÉLÉMENTS INDICATIFS DE CORRIGÉ – COMPTABILITE ET GESTION
CAS FOONSEN

MISSION 1 – GESTION DES OPERATIONS COURANTES

MISSION 1-A Enregistrement des opérations courantes du mois de décembre 2017

Journal	Date	Numéro de compte Général	Tiers	Libellé de l'écriture	Débit	Crédit
ACH	21/12/17	607050		Facture n°2017/1136 SARL AMEYDIS	6 816,00	
		607020			4 350,00	
		445665			2 233,20	
		401000	FRAMEYDI			13 399,20

Journal	Date	Numéro de compte Général	Tiers	Libellé de l'écriture	Débit	Crédit
ACH	22/12/17	607020		Facture n° 2653/256 Ding Fao Ltd 174 000 / 7,563	23 006,74	
		607030			169 178,90	
		401000	FRDING			192 185,64

Journal	Date	Numéro de compte Général	Tiers	Libellé de l'écriture	Débit	Crédit
ACH	27/12/17	607020		(1)	85,95	
		607030		(1)	632,05	
		445663			39 770,07	
		624120		Facture n° 110236687 Schenker	5 946,71	
		401000	FRSCHE			46 434,78

Accepter 445663 pour 38 580,73 et 445665 pour 1189,34

(1) 718 x (23 006,74 / 192 185,64)   718 x (169 178,90 / 192 185,64)

MISSION 1-B

Correction erreur écriture de novembre 2017 :

➔ **Première erreur** : escompte enregistré en remise

Il s'agit d'une réduction à caractère financier qui s'enregistre dans un compte de produits financiers.

Journal	Date	Numéro de compte Général	Tiers	Libellé de l'écriture	Débit	Crédit
ACH (2)	20/11/17	609700		Facture n°2253/017 – pièce 11/256 Plasturgie Castel. Régularisation	102,60	
		765000				102,60

(2) Accepter OD

Accepter (selon l'article 213-31 du PCG) D 609700 à C 607010

Accepter la contrepassation de l'écriture erronée et le passage de l'écriture correcte.

➔ **Deuxième erreur** : le port non enregistré dans un compte de charge par nature

L'entreprise utilise des comptes de charge par nature pour enregistrer les frais accessoires d'achat. Cela est précisé dans les règles comptables.

Journal	Date	Numéro de compte Général	Tiers	Libellé de l'écriture	Débit	Crédit
ACH	20/11/17	624100		Facture n°2253/017 – pièce 11/256 Plasturgie Castel. Régularisation	105,00	
		607010				105,00

Accepter l'extourne de l'écriture erronée et le passage de l'écriture correcte.

Remarque : Accepter une seule écriture de correction pour les deux erreurs

Mission 2 : Gestion Sociale

MISSION 2-A Mission liée à la paie de décembre 2017

Justification des montants :

Heures supplémentaires :

	Nbre d'heures réalisées	Heures supplémentaires	Heures supplémentaires à 25%	Heures supplémentaires à 50%
Semaine 48	7	-		
Semaine 49	44	9	8	1
Semaine 50	42	7	7	
Semaine 51	37	2	2	
Semaine 52	37	2	2	
	Total		**19**	**1**

Autres montants à vérifier :

		Salaire de base + avantage en nature véh.
13,918	Taux horaire à 25%	(1 580 + 108,75)/151,67 x 1,25
16,70	Taux horaire à 50%	(1 580 + 108,75)/151,67 x 1,5
108,75	Avantage en nature véhicule	(14 500 x 9%) / 12
1988,00	Base CSG – CRDS	(1 969,89 x 98,25%) + 27,58 + 25
1 394,42	Salaire net	(1 969,89 – 466,72 – 108,75)
1 585,82	Salaire imposable	(1 969,89 – 466,72 + 57,65 +25) Ou 1394,42 + 108,75 + 57,65 + 25

MISSION 2-B Mission liée au courrier de monsieur Legrand

Éléments de réponse à donner à monsieur LEGRAND

De : comptable@foonsen.fr	A : moulin@foonsen.fr
Le : 23/12/2017 *(ou autre date à partir 20)*	
Objet : Réponse au courrier de M Legrand	
Madame,	

Suite au courrier de M Legrand, nous pouvons lui apporter les réponses suivantes :

- Au niveau de son bulletin de paye, l'avantage en nature véhicule va apparaitre une fois en haut du bulletin, parmi les rubriques qui composent le salaire brut, pour être soumis aux cotisations salariales et patronales et une fois en bas du bulletin pour être soustrait du salaire net, puisque son montant n'est pas versé au salarié.
- En ce qui concerne l'impôt sur le revenu, l'avantage en nature représente un élément du salaire déclaré et il est donc soumis à l'impôt sur le revenu.

Je reste à votre disposition pour tout renseignement complémentaire.

Cordialement.

Le Comptable

Mission 3 : GESTION FISCALE

Détermination des plus ou moins-values réalisées pendant l'exercice : (voir tableau page suivante)

La présentation dans un tableau du calcul des plus ou moins-values n'est pas exigée des candidats. Les calculs doivent toutefois être précisés.

Tableau de calcul du résultat fiscal

Eléments	Justifications	Déductions	Réintégrations
Résultat fiscal provisoire			192 000
Plus-value nette à court terme	Rien à faire. Imposable avec le reste du résultat		
Plus-value nette à long terme	Elle porte sur des titres de participation – non imposable (0%) mais quote-part de 12% à réintégrer 12% x 2 000	2 000	240
Revenus des titres Plasco.	Dividendes non imposables (régime des sociétés mère-fille) mais quote-part de 5% à réintégrer	3 260	163
Compte 476000	Perte latente : charge déductible	7 526	
Dotation provision pour perte de change	Dotation non déductible car la perte latente a déjà été déduite		7 526
Amende	Charge toujours non déductible		95
Don	Charge non déductible mais obtention d'un crédit d'impôt en contrepartie		650
Dotation véhicule de tourisme	Prix d'acquisition supérieur à 18 300 € donc une partie de la dotation aux amortissements est non déductible : (26 200 – 18 300) x 2 620/26 200 = 790 € Ou (26 200 – 18 300) x 20% x 6 / 12 = 790 Ou calcul en 2 temps : 18 300 x 20% x 6 / 12 = 1 830 et 2 620 – 1 830 = 790		790
Totaux		12 786	201 464
Résultat fiscal définitif estimé			188 678

Estimation de l'IS dû pour 2017 :

IS à 0% sur PVLT sur titres de participation *(ne pas pénaliser si cela n'est pas mentionné / copie)* ..... 0 €
IS au taux réduit de 15% : 38 120 x 15% =..5 718 €
IS au taux réduit de 28% : (75 000 – 38 120) x 28% = ...10 326 €
IS au taux normal : (188 678 – 75 000) x 33,1/3% = ...37 893 €
IS brut..53 937 €

- Crédit d'impôt sur le don :
  Plafond du don admissible : 5 pour mille de 4 000 000 € = 20 000
  Donc le crédit d'impôt s'élève à 60% x 650 = 390 €...- 390 €

IS net..53 547 €

Sommes des 4 acomptes versés en 2017 (9 120+11 800+10 460 +10 460)..........- 41 840 €

Solde de l'IS à régler...11 707 €

Éléments	Valeur d'origine	Cumul des amortisse-ments	Valeur comptable nette	Prix de cession	Résultat de cession		Court terme		Long terme 0 %	
					Plus-value	Moins-value	Plus-value	Moins-value	Plus-value	Moins-value
Remorque	16 430	11 227	5 203	7 500	2 297		2 297			
Titres de participation PLASCO	12 000 (1 000 x 12€)			14 000 (1 000 x 14€)	2 000				2 000	
				TOTAUX	4 297		2 297		2 000	
				PLUS OU MOINS-VALUE NETTE			+ 2 297		+ 2 000	

Mission 4 : Projet de répartition du résultat

MISSION 4 - A

Projet de répartition du résultat

	AFFECTATION	ORIGINES	EXPLICATIONS
Résultat net comptable		138 500	
Report à nouveau N-1 débiteur		-	
Dotation à la réserve légale	5 170		Max autorisé : (10% x 300 000) - 24 830 Dot. possible selon statuts : 5% x 138 500
Report à nouveau N-1 créditeur		3 600	
Bénéfice distribuable		136 930	
Dotation à la réserve facultative	50 000		
Autres réserves décidées par l'AG	-		
Reste à distribuer		86 930	136 930 - 50 000
Dividendes			
Dont premier dividende	9 000		selon projet affectation : 3 % x 300 000
Dont second dividende	72 000		6 000 parts sociales x 12 € (div. unit.)
Report à nouveau N	5 930		
Contrôle	**142 100**	**142 100**	

Capital social	300 000
Réserve légale au 31/12/N-1	24 830
Nombre de parts sociales	6 000

Calcul du second dividende unitaire	12	(86 930 - 9 000) / 6000 = 12,99 € arrondi à 12 €

MISSION 4 - B

Explication de la formule en B21 :

Le « reste à distribuer » est diminué du premier dividende pour obtenir le montant global des dividendes complémentaires (C10 – B12).
Comme le dividende unitaire doit être arrondi à l'euro inférieur, il convient de diviser le calcul précédent par le nombre de parts sociales (C10 – B12) / B19.
La fonction ARRONDI.INF () qui comporte 0 en deuxième argument permet d'arrondir le calcul précédent à l'entier inférieur.

Cellules	Contenu	Formules
B12	Premier dividende	=3%*B17
B13	Dividende complémentaire	=B21*B19
B14	Report à nouveau	=C10-B12-B13

BREVET DE TECHNICIEN SUPÉRIEUR
COMPTABILITÉ ET GESTION

ÉPREUVE U41

ÉTUDE DE CAS

SESSION 2018

———

Durée : 4 heures

Coefficient 6

———

Matériel autorisé :

Calculatrice selon circulaire n° 2015-178 du 1-10-2015 (BOEN n°42 du 12 novembre 2015) relative à l'utilisation des calculatrices électroniques pour les DCG, DSCG, DEC et BTS, à compter de la session 2018.

Document autorisé :

Liste des comptes du plan comptable général, à l'exclusion de toute autre information.

Dès que le sujet vous est remis, assurez-vous qu'il est complet.

Le sujet comporte 16 pages, numérotées de 1/16 à 16/16.

ÉPREUVE U41 - Étude de cas

Le sujet se présente sous la forme de 4 missions indépendantes

Page de garde		p. 1
Présentation de l'entreprise		p. 2 à 3
MISSION 1 : Enregistrement des opérations courantes	**(24 points)**	p. 4
MISSION 2 : Gestion sociale	**(30 points)**	p. 4
MISSION 3 : Gestion des opérations de fin d'exercice	**(36 points)**	p. 5
MISSION 4 : Travaux liés au résultat 2017	**(30 points)**	p. 5

ANNEXES

A- Documentation comptable, financière, fiscale et sociale associée à la situation

MISSION 1 : Enregistrement des opérations courantes - Annexe A1   p. 6 et 7
MISSION 2 : Gestion sociale - Annexes A2 à A5   p. 7 et 8
MISSION 3 : Gestion des opérations de fin d'exercice - Annexes A6 à A10   p. 9 à 12
MISSION 4 : Travaux liés au résultat 2017 - Annexes A11 à A16   p. 12 à 14

B- Extraits issus de la réglementation comptable, financière, fiscale et sociale en vigueur

MISSION 2 : Annexe B1 (documentation sociale)   p. 15
MISSION 4 : Annexe B2 (documentation fiscale)   p. 16

AVERTISSEMENTS

Il vous est demandé d'apporter un soin particulier à la présentation de votre copie.

Toute information calculée devra être justifiée et les démarches devront être clairement décrites.

Les enregistrements comptables devront être présentés de façon structurée et indiquer les informations suivantes :

• Pour l'ensemble de l'opération : la date, le code journal et le libellé de l'opération ;

• Pour chaque ligne de l'opération : le numéro de compte général, le numéro de compte de tiers (le cas échéant) et le montant au débit ou au crédit.

Si le texte du sujet, de ses questions ou de ses annexes, vous conduit à formuler une ou plusieurs hypothèses, il vous est demandé de la (ou les) mentionner explicitement dans votre copie.

Présentation générale du contexte

DURIDEL SA est un magasin indépendant spécialisé dans le secteur de la grande distribution, situé dans l'agglomération de Rouen. L'hypermarché est sous contrat de franchise avec l'enseigne française HYSHOP et s'approvisionne en grande partie auprès de la centrale d'achat du groupe. Il dispose en outre, d'une station-service de distribution de carburants et d'une activité de location de véhicules utilitaires.

L'organisation fonctionnelle dans l'hypermarché est la suivante :

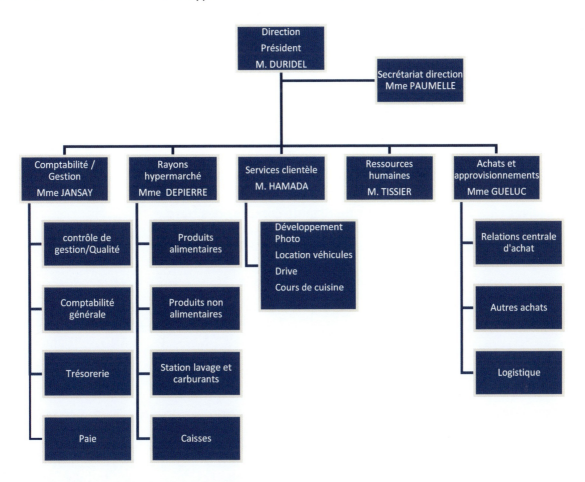

Éléments généraux relatifs à la SA DURIDEL

Forme juridique	Société Anonyme à conseil d'administration
Capital social	532 000 € (13 300 actions d'une valeur nominale de 40 €)
Effectif	132 salariés
Régime d'imposition	Réel normal
Régime fiscal	Impôt sur les sociétés au taux normal à 33,1/3 % (SA DURADEL ne bénéficie pas du taux réduit applicable aux PME)
TVA	Taux de TVA applicable en fonction de la nature de l'activité facturée : 2,1 %, 5,5 % ou 20 % Option sur les débits pour les activités de services
Date de clôture de l'exercice comptable	31 décembre

Organisation du système d'information

Le magasin utilise, depuis 2003, un Progiciel de Gestion Intégré (PGI) spécifique à la grande distribution, disposant de nombreuses applications en lien avec le cœur de métier : gestion des achats et approvisionnements, stocks, gestion des caisses, comptabilité, gestion de la paie.

La saisie des commandes de marchandises génère tous les flux relatifs aux achats (bons de commande, de réception, entrées en stock et factures d'achat). Les commandes sont saisies dans le PGI sauf les opérations relatives aux immobilisations et les dépenses de frais généraux qui sont traitées manuellement (commande, comptabilisation et règlement).

Le suivi des immobilisations à l'inventaire est réalisé au moyen d'un logiciel distinct. Il n'est pas directement interfacé au PGI, les informations nécessaires à la comptabilisation des amortissements et dépréciations sont extraites sur tableur. Le fichier est ensuite importé dans le module comptable.

Extrait des procédures comptables de l'hypermarché

- Les frais accessoires sur achats sont incorporés aux comptes d'achats concernés.
- Pour les factures de location, seuls les clients réguliers ne payant pas au comptant font l'objet de comptes de tiers.
- Les factures d'achats sont enregistrées à leur date d'émission.

Journaux utilisés

Code	Intitulé
AC	Achats
IMMO	Immobilisations
VT	Ventes
BQ1	Banque - C.I.C.
CAI	Caisse
OD	Opérations diverses
AN	A nouveaux

Extrait du plan de comptes des tiers

Les comptes de tiers font l'objet d'une codification alphanumérique.

Fournisseurs	
Code tiers	Libellé
ARA1	Aramitz
DEC5	Deco créations
EQU6	ÉquipMag
MAX2	Maxigaz

Clients	
Code tiers	Libellé
HAND	Hand Ball Club
TENN	Tennis club

Extrait du plan de comptes de l'hypermarché

La SA DURIDEL utilise les comptes du Plan Comptable Général (comptes à six chiffres) ainsi que les comptes spécifiques suivants :

Compte	Intitulé
445202	TVA intracommunautaire 5,50 %
445203	TVA intracommunautaire 20 %
445661	TVA déductible 2,1 %
445662	TVA déductible 5,5 %
445663	TVA déductible 20 %
445640	TVA déd. en attente de décaissement
445711	TVA collectée 2,1 %
445712	TVA collectée 5,5 %
445713	TVA collectée 20 %
445740	TVA coll. en attente d'encaissement

Compte	Intitulé
602210	Achats combustibles (gaz...)
607001	Achats marchandises 2,1 %
607002	Achats marchandises 5,5 %
607003	Achats marchandises 20 %
607202	Achats marchandises intracom. 5.5%
607203	Achats marchandises intracom. 20 %
609702	Bonus Centrale d'achat 5,5 %
609703	Bonus Centrale d'achat 20 %
624800	Transport de fonds
706003	Locations de véhicules 20 %
707001	Ventes marchandises 2,1 %
707002	Ventes marchandises 5,5%
707003	Ventes marchandises 20 %

Récemment embauché.e dans le service de comptabilité générale de l'hypermarché, vous êtes sous la responsabilité de Madame Jansay qui vous confie quatre missions. Vous disposez dans l'entreprise de l'adresse mail comptable8@hyshop.com.

MISSION 1 : ENREGISTREMENT DES OPERATIONS COURANTES — Annexe A1

Les écritures des opérations d'achat et de vente du mois de décembre 2017 ont été générées par le PGI et validées par le service comptable. Certaines opérations courantes, non prises en charge par le progiciel, n'ont pas été comptabilisées.

Vous êtes chargé(e) d'enregistrer les opérations courantes du mois de décembre 2017.

MISSION 2 : GESTION SOCIALE — Annexes A2 à A5, Annexe B1

MISSION 2A – Gestion des heures supplémentaires

Le service des Ressources Humaines vient d'achever le planning des horaires du mois de décembre et l'a intégré dans le module de gestion de la paie du PGI. Le cas de M. Marinier, assistant au service achats et approvisionnements, attire l'attention de Mme Jansay car il a cumulé de nombreuses heures supplémentaires depuis le début de l'année. Le recours massif aux heures supplémentaires est une situation inédite pour l'entreprise. La comptable s'interroge sur l'application des règles du contingent d'heures supplémentaires et des droits au repos qui en découlent.

Elle vous demande de :

1. ***Calculer, à l'aide du relevé des heures effectuées par M. Marinier, le nombre d'heures supplémentaires prévisionnelles pour décembre 2017, ainsi que le cumul annuel de ces heures ;***
2. ***Déterminer le contingent d'heures supplémentaires applicable à l'entreprise et en déduire le nombre d'heures de repos auquel a droit M. Marinier au 31 décembre 2017.***

MISSION 2B – Contrôle du bulletin de salaire de janvier 2018

Afin de consolider l'équipe du service achats et approvisionnements, l'entreprise a recruté, à temps partiel, M. Rochefort, en qualité d'assistant acheteur à compter du 1er janvier 2018. Le salarié a obtenu l'autorisation de s'absenter pour convenance personnelle, les vendredi 19 et samedi 20 janvier 2018. Les éléments de paie ont été saisis dans le module spécifique du PGI.

Vous devez contrôler l'exactitude des composantes de la rémunération brute de M. Rochefort.

MISSION 3 : GESTION DES OPÉRATIONS DE FIN D'EXERCICE   Annexes A6 à A10

Au cours du mois de février 2018, vous assistez Mme Jansay, responsable du service comptable de l'hypermarché afin de réaliser les travaux d'inventaire et préparer l'établissement des comptes annuels. Certains points restent à traiter :

- L'emprunt contracté auprès du CIC,
- Les régularisations relatives aux achats,

Mme Jansay vous demande d'effectuer les traitements relatifs à ces opérations de fin d'exercice.

MISSION 4 : TRAVAUX LIES AU RESULTAT 2017   Annexes A11 à A16
                                               Annexe B2

MISSION 4A – Justification des réintégrations fiscales

Au début du mois de mars 2018, Mme Jansay termine les travaux de détermination du résultat fiscal. Elle vous sollicite pour l'assister dans la constitution du dossier de révision.

Vous êtes chargé(e) de :

- ***Justifier le montant des réintégrations opérées sur le résultat comptable,***
- ***Répondre par mail à une demande d'informations du dirigeant, monsieur Yvon DURIDEL***

.

MISSION 4B – Projet d'affectation du résultat

Mme Jansay souhaite que vous preniez en charge le projet d'affectation du résultat de l'exercice 2017, qui sera proposée lors de l'AGO en juin 2018. Après respect des obligations légales et statutaires, la direction souhaite attribuer un dividende total de 23 € par action, le reste étant affecté en réserve facultative, dont le montant sera arrondi au millier d'euros le plus proche.

Vous devez présenter le projet d'affectation du résultat de 2017.

A – Documentation comptable, sociale et fiscale associée à la situation

Annexe A1 – Factures à comptabiliser

ARAMITZ
Transport de fonds
14 rue Monge
75005 Paris
Tel : 01.46.33.09.12

SA DURIDEL
HYSHOP
Route de Dieppe
76000 ROUEN

FACTURE N° FAC768965

N° de TVA : FR54832586448   N° client : 9997
Date : 06/12/2017

Prestation	Quantité	Prix unitaire	Montant HT
Transport de fonds et livraisons de billets	18	33,5	603,00 €
		Total HT	603,00 €
		TVA 20 %	120,60 €
		Montant total TTC	723,60 €

Règlement : 30/12/2017

MAXIGAZ
Service clients
3 place des degrés
Tour Corneille
92800 PUTEAUX
http://maxigaz.fr
N° TVA : FR85236974125

FACTURE n°196710 du 11/12/2017
Votre référence client : 72700563

HYSHOP - DURIDEL SA
Route de Dieppe
76000 ROUEN
France

Pour usage interne du magasin : rayon boucherie

Code	Désignation	Quantités livrées	Prix unitaire HT en euros	Remise	Prix unitaire net en euros	Montant HT en euros
112	Bouteille gaz butane 5,5 kg	12	10,75	1,3	9,45	113,40
113	Bouteille gaz propane 13 kg	3	22,55	2,5	20,05	60,15
					Montant HT base taxable 20 %	173,55
					Montant TVA	34,71
					Emballages consignés (15X5)	75,00
					Montant TTC en notre faveur	**283,26**

Condition de paiement :
LCR magnétique à 30 jours

EQUIPMAG
3 Bd Roosevelt
68200 MULHOUSE
Tel : 03 76 49 12 93

HYSHOP ROUEN - SA DURIDEL
Route de Dieppe
76000 ROUEN
France
N° TVA : FR47520676838

FACTURE

N°	20856743	N° BC	66978 - 02/11/17
Date	11/12/2017	N° BL	56777 - 11/12/17

Référence	Désignation	Prix unitaire	Remise %	Remise €	Prix total HT
MATINDUS 668345	Matériel industriel de levage Chariot élévateur TEU ED 2,5 t Mat Triplex	15 875,00 €	8%	1 270,00 €	14 605,00 €
LIVTRANS	Livraison	650,00 €	-	- €	650,00 €

Total HT	TVA 20 %	Total TTC	Acomptes	Montant dû	Echéance
15 255,00 €	3 051,00 €	18 306,00 €	2 000,00 €	16 306,00 €	11/01/2018

Paiement par virement à 30 jours

Annexe A1 (suite) – Factures à comptabiliser

DECO CREATIONS
Boulevard Paepsemlaan 36-38
1932 Zaventem, Belgique
E-mail : mdoise@decocreations.be
TVA : BE 0428.017.561

Pour usage interne du magasin : décorations de Noël

FACTURE 2408

DURIDEL SA - HYSHOP
Route de Dieppe
76000 ROUEN
France

Date	Document n°	N° client	Vendeur	N°TVA client
20/12/2017	VEN/756322	DUR1	Thomas	FR47520676838

Article	Description	Prix unitaire	Quantité	Montant
1089	Plateau rond couleur argent	3,5	50	175,00 €
1024	Étoiles scintillantes	4,28	40	171,20 €

Paiement comptant	Total à payer	346,20 €

HYSHOP – *LOCATION*
SA DURIDEL
Route de Dieppe
76000 ROUEN
France
N° TVA : FR47520676838
http://hyshop.fr

Tennis club de la forêt verte
Place Eugène Delacroix
76230 ISNEAUVILLE

FACTURE n° F0001022 du 22/12/2017

Détails de la location	Quantité	Prix unitaire	HT
Location : Véhicule utilitaire Immatriculé : FE-988-GO Date de début : 22/12/2017 14:00 Date de fin : 22/12/2017 18:00 Durée de location : 1/2 journée			34,00 €
Total parcouru : 178 km	178	0,20 €	14,20 €

Règlement 30/12/2017
TVA acquittée sur les débits

Total HT	TVA 20 %	TTC
48,20 €	9,64 €	57,84 €

Annexe A2 – Relevés des heures extraits du PGI

- **Décompte des heures travaillées en novembre et décembre de M. Marinier**

Décompte des heures (selon relevé réel et intégration du planning)

Matricule 1733   **Contrat :** CDI   16/12/2017
Nom : MARINIER   **Horaire mensuel :** 151,67 h   17:24
Prénom : Camille

Décompte des heures du : 1er novembre 2017 Au 30 novembre 2017

Novembre	N° sem	Semaine 44				Semaine 45							Semaine 46							Semaine 47							Semaine 48			
	Jours	M	J	V	S	D	L	M	M	J	V	S	D	L	M	M	J	V	S	D	L	M	M	J	V	S	D	L	M	M	J
		1	2	3	4	5	6	7	8	9	10	11	12	13	14	15	16	17	18	19	20	21	22	23	24	25	26	27	28	29	30
	heures	8	7	9	8			7	8	8	8				7	8	8	8				8	9	9	8				7	8	8

Décompte des heures du : 1er décembre 2017 Au 31 décembre 2017

Décembre	N° sem	Semaine 48			Semaine 49							Semaine 50							Semaine 51							Semaine 52						
	Jours	V	S	D	L	M	M	J	V	S	D	L	M	M	J	V	S	D	L	M	M	J	V	S	D	L	M	M	J	V	S	D
		1	2	3	4	5	6	7	8	9	10	11	12	13	14	15	16	17	18	19	20	21	22	23	24	25	26	27	28	29	30	31
	heures	8	8		9	9	10	9	8			8	7	8	9	7			9	8	8	7	8				7	7	8	7	8	

Annexe A2 (suite) – Relevés des heures extraits du PGI

- **Récapitulatif annuel des heures supplémentaires effectuées en 2017 par M. Marinier**

Relevé des heures supplémentaires mensuelles													
Matricule :	1733		Contrat :		CDI							16/12/2017	
Nom :	MARINIER		Horaire mensuel 151,67 h									17:24	
Prénom :	Camille												
Mois	Janvier	Février	Mars	Avril	Mai	Juin	Juillet	Août	Septembre	Octobre	Novembre	Décembre	
Heures sup/mois	16	18	21	30	19	17	23	0	19	19	19		
Cumul HS	16	34	55	85	104	121	144	144	163	182	201		

Annexe A3 – Extrait du contrat de travail de Monsieur Rochefort

Il a été convenu entre SA DURIDEL [...], d'une part

Et

Monsieur ROCHEFORT Bruno [...], d'autre part

[...]

Horaire de travail :

La durée du travail hebdomadaire est fixée à 24 heures, réparties comme suit :

Mardi	Jeudi	Vendredi	Samedi
7 heures	7 heures	7 heures	3 heures

Rémunération :

- Le salaire de base mensuel est fixé à 1 248 euros [...]

Annexe A4 – Extrait du bulletin de paie du mois de janvier de M. Rochefort

SA DURIDEL	BULLETIN DE PAIE
HYSHOP Rouen	
Route de Dieppe	Période de paie du 01/01/2018 au 31/01/2018
76000 ROUEN	Paiement : Par virement
Etablissement : Etablissement principal	Convention collective : *IDCC 2216 - Convention collective nationale du commerce de détail et de gros à prédominance alimentaire*
SIREN : 475206768 NAF : 47.11F	
URSSAF : 965323961039001011 Rouen	
Code salarié : 1927	**ROCHEFORT Bruno**
Emploi : Assistant acheteur	8, rue de l'avenir
Type de contrat : CDI temps partiel	76000 ROUEN
Date d'embauche : 01/01/2018	

Element	Libellé	Base	Tx. SAL.	Mt. SAL.	Tx PAT.	Mt. PAT.
SALBASE	SALAIRE DE BASE	104	12,000	1 248,00		
ABS	Absence du ven. 19 au sam. 20 janv. 2018	-7	12,116	- 84,81		
SALBRUT	SALAIRE BRUT			1 163,19		

Annexe A5 – Calendrier de janvier 2018

Janvier 2018						
L	M	M	J	V	S	D
1	2	3	4	5	6	7
8	9	10	11	12	13	14
15	16	17	18	19	20	21
22	23	24	25	26	27	28
29	30	31				

Annexe A6 - Régularisation de l'emprunt CIC

Le 18 février 2018

Bonjour,

Je n'ai pas eu le temps de finaliser les écritures relatives à l'emprunt du CIC. Il apparaît que, suite à l'intégration du relevé bancaire, l'échéance du mois de décembre 2017 a été comptabilisée en compte d'attente par le PGI. Par ailleurs, aucune écriture d'inventaire n'a été constatée pour cet emprunt. Le tableau d'amortissement est dans le dossier informatique du PGI.

Merci de procéder aux régularisations nécessaires.

F. Jansay

Extrait du journal de banque :

Journal	Date	Numéro de compte Général	Numéro de compte Tiers	Libellé de l'écriture	Débit	Crédit
BQ1	15/12/2017	471000		Relevé bancaire n°12574	18 396,52	
BQ1	15/12/2017	512000		Relevé bancaire n°12574		18 396,52

Extrait du tableau de remboursement de l'emprunt CIC

N° échéance	Date d'échéance	Amortissements	Intérêts	Total à payer	Capital restant dû après échéance
25	15/12/2016	16 639,60	1 756,92	18 396,52	612 607,28
TOTAL ANNUEL 2016					
26	15/01/2017	16 686,32	1 710,20	18 396,52	595 921,95
27	15/02/2017	16 732,90	1 663,62	18 396,52	579 189,05
28	15/03/2017	16 779,62	1 616,90	18 396,52	562 409,43
29	15/04/2017	16 826,46	1 570,06	18 396,52	545 582,97
30	15/05/2017	16 873,43	1 523,09	18 396,52	528 709,54
31	15/06/2017	16 920,54	1 475,98	18 396,52	511 789,00
32	15/07/2017	16 967,78	1 428,74	18 396,52	494 821,22
33	15/08/2017	17 015,14	1 381,38	18 396,52	477 806,08
34	15/09/2017	17 062,64	1 333,88	18 396,52	460 743,44
35	15/10/2017	17 110,28	1 286,24	18 396,52	443 633,16
36	15/11/2017	17 158,04	1 238,48	18 396,52	426 475,12
37	15/12/2017	17 205,94	1 190,58	18 396,52	409 269,18
TOTAL ANNUEL 2017		203 339,09	17 419,15	220 758,24	
38	15/01/2018	17 253,98	1 142,54	18 396,52	392 015,20

Annexe A7 – Régularisation des achats de marchandises pour l'arrêté des comptes

De : f.Jansay@hyshop.com	A : comptable8@hyshop.com

Le : 18 février 2018

Objet : arrêté des comptes au 31/12/2017 - Régularisation des achats de marchandises

Bonjour,

Pour l'arrêté des comptes au 31 décembre, il reste deux régularisations à faire : les marchandises livrées non facturées et le bonus de notre centrale d'achat.

Certaines marchandises réceptionnées fin décembre n'ont été facturées qu'en janvier. Lors de l'inventaire physique du 31 décembre, j'ai relevé manuellement les bons de livraison correspondant à ces marchandises. Je vous transmets leur valorisation classée par taux de TVA :
- Achats de marchandises HT à 5,5% = 6 988,55 €
- Achats de marchandises HT à 20% = 10 239,70 €

Je vous demande de :
1. **Procéder à la régularisation comptable** *nécessaire,*
2. **Préparer une requête** *permettant d'extraire la liste des livraisons de 2017 (mentionnant les dates de livraison et de facturation) non encore facturée ou facturée en 2018.*

Notre centrale d'achat nous octroie une ristourne trimestrielle appelée bonus. Elle est calculée par tranches sur le montant des achats de la période concernée. Notre interlocuteur de la centrale d'achat a estimé le montant du bonus du 4ème trimestre 2017 à 445 940 € HT réparti ainsi :
- 183 453 € HT pour les achats à 5,5 %
- 262 487 € HT pour les achats à 20 %

J'ai commencé à mettre en place un outil de calcul de ce bonus, sur tableur, pour contrôler les montants annoncés par la centrale d'achat.

Je vous demande de :
1. **Comptabiliser ce bonus** *au 31 décembre 2017.*
2. **Rédiger les formules** *qui manquent en C14, C17 et C18.*

Bonne journée

F. Jansay

Annexe A8 - Extrait du modèle relationnel du PGI

TVA(CodeTVA, TauxTVA)

ARTICLE(RefArticle,LibelleArticle,Description,Conditionnement,#NumFamille, #CodeTVA)

LIVRAISON(NumLivraison,DateLivraison,#CodeFournisseur)

FACTURE(NumFact,DateFact,#CodeFournisseur,#NumLivraison)

Annexe A9 - Mémento SQL

PROJECTION D'ATTRIBUTS		
Expression	*Résultat*	*Syntaxe*
SELECT	Spécifie les attributs que l'on veut extraire et afficher	SELECT TABLE.Attribut
FROM	Spécifie les tables nécessaires à la requête	FROM TABLE1, TABLE2
;	Indique que la requête est terminée	;

SÉLECTION		
Expression	*Résultat*	*Syntaxe*
WHERE	Précède la première jointure ou sélection	WHERE TABLE.Attribut LIKE chaîne de caractères
AND	Succède à WHERE que ce soit pour une sélection ou une jointure	AND TABLE.Attribut = Valeur numérique
OR	Précède une sélection (union)	OR TABLE.Attribut = Valeur numérique
LIKE / =	LIKE précède une chaîne de caractères. = précède une valeur numérique.	WHERE TABLE.Attribut LIKE chaîne de caractères AND TABLE.Attribut = Valeur numérique
IS [NOT] NULL	Prédicat de [non] nullité	WHERE TABLE.Attribut IS [NOT] NULL
BETWEEN … AND …	Prédicat d'intervalle Équivalent à >= … AND <= …	WHERE TABLE.Attribut BETWEEN valeur1 AND valeur 2

TRI		
Expression	*Résultat*	*Syntaxe*
ORDER BY … ASC ou DESC	La hiérarchie des clés de tri est définie par l'ordre des attributs derrière ORDER BY	ORDER BY TABLE.Attribut1, TABLE.Attribut2 ASC

CALCULS		
Expression	*Résultat*	*Syntaxe*
SUM	Retourne la somme des valeurs d'un attribut d'une table	SELECT SUM (TABLE.Attribut) AS NomAlias
AVG	Retourne la moyenne des valeurs d'un attribut d'une table	SELECT AVG (TABLE.Attribut) AS NomAlias
MAX	Retourne la valeur maximum d'un attribut d'une table	SELECT MAX (TABLE.Attribut) AS NomAlias
MIN	Retourne la valeur minimum d'un attribut d'une table	SELECT MIN (TABLE.Attribut) AS NomAlias
AS	L'attribut projeté est identifié par le nom de l'alias	SELECT SUM (TABLE.Attribut) AS NomAlias

REGROUPEMENT		
Expression	*Résultat*	*Syntaxe*
COUNT	Retourne le nombre de tuples d'une table	SELECT COUNT (TABLE.Attribut) AS NomAlias
GROUP BY	Permet de faire porter les fonctions d'agrégat sur des partitions de la table	GROUP BY TABLE.Attribut HAVING TABLE.Attribut = Valeur
HAVING	Permet d'appliquer des prédicats de condition sur des résultats de regroupement	GROUP BY TABLE.Attribut HAVING TABLE.Attribut = Valeur

Annexe A10 - Extrait du tableau élaboré sur tableur pour le calcul du Bonus Centrale d'achat (BCA)

	A	B	C	D	E	F
1		**CALCUL Bonus Centrale d'Achat (BCA)**				
2	Trimestre : 4 T 2017					
3						
4		**Tranches de CA**	**Seuils**	**Montant tranche**	**Taux BCA**	
5	Tranche 1	Jusqu'à 3 000 000	3 000 000	3 000 000	0%	
6	Tranche 2	de 3 000 000 à 9 000 000	9 000 000	6 000 000	3%	
7	Tranche 3	plus de 9 000 000		selon le CA	7%	
8						
9		**Éléments de base du Bonus**	**Montants trimestriels**	**Proportion** *par taux de TVA*		
10		Achats marchandises Centrale 5,5%	5 265 383	41,14%		
11		Achats marchandises Centrale 20 %	7 533 761	58,86%		
12		TOTAL achats marchandises Centrale	12 799 144	100,00%		
13						
14		**Bonus HT du trimestre**	445 940,08			
15						
16		**Ventilation du bonus** *arrondi à l'euro*	**Montant HT** *selon proportion par taux de TVA*			
17		Bonus HT 5,5 %	183 453			
18		Bonus HT 20 %	262 487			
19						

Annexe A11 – Courriel de Mme Jansay en date du 1er mars 2018

De : f.Jansay@hyshop.com	A : comptable8@hyshop.com
Le : 01/03/2018	
Objet : Justification des réintégrations fiscales et réponse à la demande de M. DURIDEL	

Bonjour,

Pour compléter le dossier de révision, je vous demande de **justifier le montant des deux réintégrations fiscales** suivantes :
- WE : amortissements excédentaires de 3 333 €,
- WQ : réintégrations diverses de 253 966 €.

Par ailleurs, notre directeur, M. Duridel, s'interroge sur la réintégration des dons dans le calcul du résultat fiscal. Pouvez-vous **rédiger un mail** à son intention (y.duridel@hyshop.com) en expliquant d'une part le mécanisme du traitement fiscal des dons et, d'autre part, son impact chiffré sur l'impôt sur les sociétés.

Bien à vous,

F. Jansay

Annexe A12 – Extraits de l'imprimé 2058-A Détermination du résultat fiscal au 31/12/2017

Désignation de l'entreprise : SA DURIDEL   Néant ☐   Exercice N, clos le : 3 1 1 2 2 0 1 7

I. RÉINTÉGRATIONS   BÉNÉFICE COMPTABLE DE L'EXERCICE   WA   801 362

Rubrique	Case	Montant
Rémunération du travail (entreprises à l'IR) – de l'exploitant ou des associés	WB	
– de son conjoint / moins part déductible / à réintégrer	WC	
Avantages personnels non déductibles (sauf amortissements à porter ligne ci-dessous)	WD	
Amortissements excédentaires (art. 39-4 du CGI) et autres amortissements non déductibles	WE	3 333
	XE	
Autres charges et dépenses somptuaires (art. 39-4 du C.G.I.)	WF	
Taxe sur les voitures particulières des sociétés (entreprises à l'IS)	WG	
Provisions et charges à payer non déductibles (cf. tableau 2058-B, cadre III)	WI	
Charges à payer liées à des états et territoires non coopératifs non déductibles (cf. 2067-BIS)	XX	
	XW	
Amendes et pénalités	WJ	
Réintégrations prévues à l'article 155 du CGI	XY	
Impôt sur les sociétés (cf. page 9 de la notice 2032)	I7	169 702
Quote-part Bénéfices réalisés par une société de personnes ou un GIE	WL	
Résultats bénéficiaires visés à l'article 209 B du CGI	L7	
	K7	
Moins-values nettes à long terme – imposées aux taux de 15 % ou de 19 % (16 % pour les entreprises soumises à l'impôt sur le revenu)	I8	
– imposées aux taux de 0 %	ZN	
Fraction imposable des plus-values réalisées au cours d'exercices antérieurs – Plus-values nettes à court terme	WN	
– Plus-values soumises au régime des fusions	WO	
Écarts de valeurs liquidatives sur OPCVM (entreprises à l'IS)	XR	
Réintégrations diverses à détailler sur feuillet séparé DONT : Intérêts excédentaires (art. 39-1-3° et 212 du C.G.I.)	SU	
Zones d'entreprises (activité exonérée)	SW	
Déficits étrangers antérieurement déduit par les PME (art. 209C)	SX	
Quote-part de 12 % des plus-values à taux zéro	M8	
	WQ	253 966

Annexe A13 – Extrait du grand livre au 31/12/2017

Compte : MATERIEL DE TRANSPORT (218200)

Date	Journal	N° pièce	Libellé	Débit	Crédit	Lettrage
01/01/2017	AN	1	Solde clot. definitive 31/12/2016	33 117,61		AAA
28/02/2017	IMMO	11668	RENAULT KOLEOS 2.0 DCI	29 900,00		
28/02/2017	OD	12771	Cession véhicule AC-136-XG		33 117,61	AAA
			TOTAUX	63 017,61	33 117,61	
			Solde	29 900,00		

Compte : AMORT. MATERIEL DE TRANSPORT (281820)

Date	Journal	N° pièce	Libellé	Débit	Crédit	Lettrage
01/01/2017	AN	1	Solde clot. definitive 31/12/2016		33 117,61	AAB
28/02/2017	OD	12771	Cession véhicule AC-136-XG	33 117,61		AAB
31/12/2017	OD	30569	Dot. Amort. KOLEOS 31/12/2017		4 983,33	
			TOTAUX	33 117,61	38 100,94	
			Solde		4 983,33	

Le véhicule RENAULT KOLEOS acquis le 28/02/2017 est destiné à l'usage professionnel de M. Duridel. Il entre dans la catégorie des véhicules de tourisme. Son taux d'émission de dioxyde de carbone est de 175 g/km et sa durée d'utilisation prévue est de 5 ans.

Annexe A14 – Informations extraites du PGI concernant les dons

- Montant du chiffre d'affaires réalisé en 2017 : 53 916 126 €
- Montant des dons effectués dans le cadre du mécénat sur l'exercice 2017 : 253 966,46 €
- Montant des dons à reporter en 2017 provenant des exercices antérieurs : 0 €.

Annexe A15 – Extrait de la balance au 31/12/2017

SA DURIDEL   V5.40.06 Licence: C3018   Exercice: 2017
Balance générale
Le 16/03/2018 12:23 Page: 1
Tout type d'écritures jusqu'au 31/12/2017

Compte	Intitulé du compte	31-déc.-17 Solde Déb.	31-déc.-17 Solde Créd.
101000	CAPITAL		532 000,00
106100	RESERVE LEGALE		43 837,25
106800	AUTRES RESERVES		4 259 101,49
110000	REPORT A NOUVEAU		1 432,88
120000	BENEFICE DE L'EXERCICE		801 362,00
...	...	...	...

Annexe A16– Extrait des statuts de la SA DURIDEL

[...]

Article 6 – Apports

A la constitution, les associés ont procédé aux apports suivants :

SA MONTSOUR	531 760,00 €
M. D. DURIDEL	200,00 €
SAS HYSHOP Entreprise	40,00 €

Soit la somme en numéraire de 532 000 € (cinq cent trente-deux mille euros), correspondant à 13 300 actions de numéraire, d'une valeur nominale de 40 euros chacune, souscrites en totalité. A la constitution, le capital est libéré à hauteur de 532 000 €.

[...]

Article 26 – Affectation des résultats

Après approbation des comptes, l'Assemblée Générale, sur proposition du conseil d'administration :
1. Constate le résultat de l'exercice,
2. Détermine le bénéfice à répartir après, le cas échéant, déduction du report à nouveau débiteur,
3. Décide d'affecter en réserve légale, conformément aux dispositions légales, 5% du bénéfice à répartir, dans la limite du plafond de 10 % du capital social,
4. Constate un bénéfice distribuable après, le cas échéant, intégration du report à nouveau créditeur
5. Attribue, conformément aux dispositions statutaires, un premier dividende de 5 % du capital libéré,
6. Décide de l'affectation du solde en réserve facultative, superdividende et report à nouveau.

B – Documentation technique – sociale, comptable, fiscale

Annexe B 1- Documentation sociale

Mémento pratique social Francis Lefebvre 2017

§ 41190 Durée de la contrepartie obligatoire en repos

C. trav. art. L 3121-33, I-3° L 3121-38

Sous réserve de stipulations conventionnelles plus favorables, toute heure supplémentaire accomplie au-delà du contingent annuel ouvre droit à une contrepartie obligatoire en repos fixée à :
- 50 % pour les entreprises de 20 salariés au plus ;
- 100 % pour celles de plus de 20 salariés.

[...] A défaut d'accord, le contingent annuel d'heures supplémentaires est fixé à 220 heures par salarié.

Convention collective nationale du commerce de détail et de gros à prédominance alimentaire

Contingent annuel d'heures supplémentaires

- **Article 5.8** : Le contingent annuel d'heures supplémentaires, à compter de l'année 2003, est fixé à 180 heures.
- **Article 10 - Avenant n° 37 du 28 janvier 2011**
  La contrepartie obligatoire en repos du fait des heures supplémentaires effectuées au-delà du contingent annuel est fixée à :
  - 50 % pour les entreprises de 20 salariés au plus ;
  - 120 % pour celles de plus de 20 salariés.

Dictionnaires pratiques Revue Fiduciaire – Social 2017

Heure supplémentaire

Principe : décompte hebdomadaire – Les heures supplémentaires se décomptent par semaine civile. La semaine civile débute du lundi à 0 h et se termine le dimanche à 24 h (C trav. art. L 3121-29 et L 3121-35).

Absence :
L'absence du salarié suspend le contrat de travail et a donc des incidences notamment sur le salaire [...].

Retenues sur salaire :

En cas d'absence - Le salaire étant la contrepartie de la prestation de travail, l'employeur peut, en cas d'absence, et sauf dispositions légales ou conventionnelles contraires, opérer une retenue sur salaire.

L'employeur doit opérer sur le salaire une retenue exactement proportionnelle à la durée de l'absence [...].

La Cour de cassation n'a validé que la méthode de l'horaire réel de travail. Cette méthode consiste à faire le rapport entre la rémunération mensuelle et le nombre d'heures effectives de travail pour le mois considéré, sans tenir compte du nombre d'heures mensualisées, et à multiplier par ce rapport le nombre d'heures d'absence (Cass. Soc. 11 février 1982, n°80-40359, BC V n°90).

Il faut donc rechercher le nombre d'heures ou de jours travaillés du mois pendant lesquels le salarié a été absent ainsi que le salaire horaire ou journalier moyen de ce mois.

Annexe B 2- Documentation fiscale

Mémento pratique fiscal Francis Lefebvre - Édition 2017

§ 9020 Amortissement des voitures particulières

L'article 39, 4 du CGI interdit, sauf justification, la déduction de l'amortissement des véhicules de tourisme au sens de l'article 1010 du même Code, pour la fraction de leur prix d'acquisition, taxes comprises, supérieure à un certain montant, fonction de la date d'acquisition du véhicule et/ou de la quantité de dioxyde de carbone émise. Ainsi, ce plafond est fixé selon le barème suivant (Loi 2016-1917 du 29-12-2016 art. 70) :

Taux (T) d'émission de dioxyde de carbone (en g/km)	Voiture particulière acquise ou louée en		
	2016	2017	2018
T > 200	9 900 €	9 900 €	9 900 €
155 < T ≤ 200	18 300 €	9 900 €	9 900 €
150 < T ≤ 155	18 300 €	18 300 €	9 900 €
140 < T ≤ 150	18 300 €	18 300 €	18 300 €
...	...	...	...

§ 10700 Mécénat d'entreprise - Report de l'excédent

Lorsque les dons excèdent le plafond de 5 p. mille, l'excédent est reporté successivement sur les cinq exercices suivants et ouvre droit à la réduction d'impôt dans les mêmes conditions, après prise en compte des versements de l'exercice. [...]

La fraction excédentaire peut être utilisée pour le paiement de l'impôt (acompte ou solde pour les entreprises soumises à l'impôt sur les sociétés) dû au titre de l'un des cinq exercices (ou années) qui suivent.

La Revue Fiduciaire RF 1082 - Mars 2017

Détermination du résultat fiscal

§ 57 Dons Les dons et libéralités ne constituent pas, en principe, des charges déductibles à moins qu'ils ne soient consentis dans l'intérêt direct de l'entreprise ou de son personnel.

Les dons réalisés au titre du mécénat et comptabilisés en charges doivent être réintégrés dans le résultat fiscal. En contrepartie, l'entreprise bénéficie d'une réduction d'impôt égale à 60 % des versements pris en compte dans la limite de 5‰ du chiffre d'affaires.

PROPOSITION DE CORRIGÉ HYSHOP

MISSION 1 – Enregistrement des opérations courantes

Enregistrement des opérations courantes du mois de décembre 2017

Journal	Date	Numéro de compte		Libellé de l'écriture	Débit	Crédit
		Général	Tiers			
AC	06/12/2017	624800		Facture n° FAC768965	603,00	
		445640		ARAMITZ	120,60	
		401000	ARA1			723,60

Journal	Date	Numéro de compte		Libellé de l'écriture	Débit	Crédit
		Général	Tiers			
AC	11/12/2017	602210		Facture n°196710	173,55	
		445663		MAXIGAZ	34,71	
		409600			75,00	
		401000	MAX2			283,26

Journal	Date	Numéro de compte		Libellé de l'écriture	Débit	Crédit
		Général	Tiers			
IMMO	11/12/17	215400		Facture n°20856743	15 255,00	
		445620		EQUIPMAG	3 051,00	
		404000	EQU6			16 306,00
		238000[1]				2 000,00

[1] Accepter 4091

Journal	Date	Numéro de compte		Libellé de l'écriture	Débit	Crédit
		Général	Tiers			
AC	20/12/2017	606300		Facture n° VEN/756322	346,20	
		445663		DECO C.	69,24	
		401000	DEC5			346,20
		445203				69,24

Journal	Date	Numéro de compte		Libellé de l'écriture	Débit	Crédit
		Général	Tiers			
VTE	22/12/2017	411000	TENN	Facture n°F0001022	57,84	
		706003		TENNIS CLUB		48,20
		445713				9,64

MISSION 2 - GESTION SOCIALE

MISSION 2A – Gestion des Heures supplémentaires

1. Nombre d'heures supplémentaires :

N° semaine	Heures faites	Heures normales	HS
48	39	35	4
49	45	35	10
50	39	35	4
51	40	35	5
52	37	35	2
Total			25
Cumul de janvier à Novembre			201
Cumul annuel 2017 (janvier à décembre)			226

2. Contingent d'heures supplémentaires

✓ **Contingent à retenir**

La règle légale n'est qu'une règle supplétive qui ne s'applique qu'en l'absence d'une règle conventionnelle. La loi précise d'ailleurs que le contingent d'heures (220 H) ne s'applique « qu'à défaut d'accord ». Il convient de retenir la convention collective du commerce de détail et de gros à prédominance alimentaire qui fixe le contingent à 180 heures.

✓ **Calcul du nombre d'heures de repos**

Contingent retenu : 180 heures
Contrepartie obligatoire à retenir : 120 % (effectif de 132 > 20 salariés)

Nombre d'heures au-delà du contingent : 226 – 180 = 46 heures
Contrepartie obligatoire de repos : 120 % * 46 heures = 55,20 heures

MISSION 2B – Contrôle du bulletin de paye

Éléments à contrôler	Justification	Correction à apporter
104 heures	Calcul forfaitaire : Durée hebdomadaire * 52 semaines / 12 mois 24 heures * 52/12 = 104 heures	Néant
12 €	Salaire de base mensuel (1 248 €) / durée du travail (104 H)	Néant
7 heures d'absence	Selon contrat de travail ; Calcul des absences réelles : Nb heures du ven. 19 = 7 heures Nb heures du sam 20 = 3 heures Nb heures total = 10 heures	Erreur Omission des 3 heures d'absence du samedi 20 décembre
12,116 Taux horaire réel	Nombre d'heures payées en janvier : Nb jours à 7 h (5 mardi + 4 jeudi + 4 vendredi) = 13 Nb jours à 3 h (samedi) : 4 Nb heures = (13 * 7) + (4 * 3) = 103 heures Taux horaire brut = 1 248 / 103 h = 12,116 €	Néant

MISSION 3 - Opérations fin d'exercice

- *Régularisation de l'emprunt*

Code journal	Date	Compte général	Libellé	Débit	Crédit
OD	31/12/17	661160	Régularisation paiement échéance CIC 15/12/2017	1 190,58	
		164000		17 205,94	
		471000			18 396,52
OD	31/12/17	661160	Intérêts courus sur emprunt CIC	571,27	
		168840	1 142.54 x 15/30 = 571,27 €		571,27

- *Régularisation des factures non parvenues*

Écriture d'inventaire

Code journal	Date	Compte général	Libellé	Débit	Crédit
OD	31/12/17	607002	Factures non parvenues sur achats de marchandises	6 988,55	
		607003		10 239,70	
		445860		2 432,31	
		408100			19 660,56

Requête SQL

✓ Afin de préparer le contrôle lors de l'inventaire, j'ai besoin de la liste des livraisons de 2017 (mentionnant les dates de livraison et de facturation) non encore facturée ou facturée en 2018

    SELECT NumLivraison, DateLivraison, DateFact
    FROM LIVRAISON, FACTURE
    WHERE LIVRAISON.NumLivraison = FACTURE.NumLivraison
    AND DateLivraison <= 31/12/2017
    AND DateFact > 31/12/2017
    OR NumFact IS NULL

Accepter

    SELECT NumLivraison, DateLivraison, DateFact
    FROM LIVRAISON INNER JOIN FACTURE ON LIVRAISON.NumLivraison = FACTURE.NumLivraison
    AND DateLivraison <= 31/12/2017
    AND DateFact > 31/12/2017
    OR NumFact IS NULL ;

- *Régularisation du bonus centrale d'achat*

   Écriture d'inventaire

Code journal	Date	Compte général	Libellé	Débit	Crédit
OD	31/12/17	609702			183 453,00
		609703	Bonus du 4ème trimestre		262 487,00
		445860			62 586,62
		409800		508 526,62	

   Automatisation du calcul du bonus sur tableur

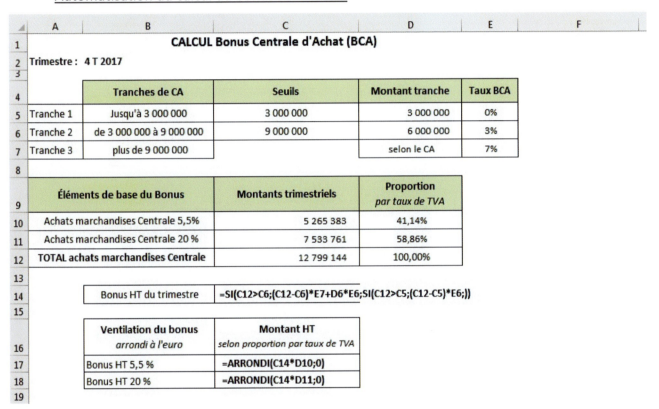

MISSION 4 - Travaux liés au résultat 2017

MISSION 4A – Justification des réintégrations fiscales

- *Amortissement excédentaire :*

	Montant case WE	3 333
Détail du calcul		**Justification des éléments**
(Valeur d'entrée - plafond) x 1/durée d'usage x prorata (29 900 - 9 900) x 1/5 x 10/12 = 3 333,33		Plafond : véhicule > 155 g/km = 9 900 € en **2017** Durée d'usage : 5 ans pour les véhicules Prorata : du 1/03 au 31/12 : 10 mois

- *Mécénat :*

Réintégration de la totalité des dépenses de mécénat 253 966,46 €, non déductibles car elle n'est pas réalisée dans l'intérêt de l'entreprise

- *Réponse à la demande d'information du dirigeant.*

De : comptable8@hyshop.com	A : y.duridel@hyshop.com
Le : 01/03/2018	
Objet : Réponse aux demandes d'informations fiscales	

Bonjour,
 	
Mme JANSAY m'a confié le soin de répondre à vos interrogations relatives à la réintégration des dons dans le calcul du résultat fiscal.
 	
Le mécanisme :
- Réintégration du don dans le résultat fiscal (charge non déductible)
- En contrepartie, l'entreprise bénéficie d'une réduction d'impôts de 60% de la dépense plafonnée
  • Plafond de 5‰ du CA soit 53 916 126 x 0,5 ‰ = 269 580,63 €
  • Comparaison du plafond avec le montant de la dépense
    269 580 (Plafond) > 253 966 (dons versés en 2017)
    Donc le plafond est de 253 966 (dépenses réelles)
  • Réduction d'impôt = 60 % * 253 966 = 152 380 €
 	
Conséquence chiffrée sur l'impôt à payer
- Augmentation de l'IS à payer de 84 655 € = 253 966 € (don) x taux d'IS (33 1/3%)
- Réduction de l'impôt à payer de 152 380 €
- Le gain net est de 67 725 € (84 655 – 152 380)
 	
J'espère avoir répondu clairement et de façon synthétique.
 	
Le collaborateur	

MISSION 4B – Projet d'affectation du résultat

Mme JANSAY souhaite que vous preniez en charge le projet d'affectation du résultat de l'exercice

Résultat de l'exercice	Bénéfice 2017	801 362,00
Report à nouveau débiteur	Néant	-
Bénéfice à répartir		**801 362,00**
Réserve légale	Montant théorique : 5% * 801 362 = 40 068,10 Montant total RL avec montant théorique = 43 837,25 + 40 068, 10 = 83 905,35 qui est > à la limite légale de 53 200 (10 % * 532 000) Montant à affecter 53 200 – 43 837,25	9 362,75
Report à nouveau créditeur	RAN 2016	1 432,88
Bénéfice distribuable		**793 432,13**
Intérêt statutaire	5% * 532 000	26 600,00
Superdividende	(23 € * 13 300 actions) – 26 600	279 300,00
Solde		**487 532,13**
Réserve facultative	Arrondi au millier d'euros inférieur du solde	487 000,00
Report à nouveau créditeur	Reliquat	532,13

BREVET DE TECHNICIEN SUPÉRIEUR
COMPTABILITÉ ET GESTION

ÉPREUVE U41

ÉTUDE DE CAS

SESSION 2019

———

Durée : 4 heures

Coefficient 6

———

Matériel autorisé :

L'usage de tout modèle de calculatrice, avec ou sans mode examen, est autorisé.

Document autorisé :

Liste des comptes du plan comptable général, à l'exclusion de toute autre information.

Dès que le sujet vous est remis, assurez-vous qu'il est complet.

Le sujet comporte 21 pages, numérotées de 1/21 à 21/21.

ÉPREUVE E41 - ÉTUDE DE CAS

Le sujet se présente sous la forme de 4 missions indépendantes

Page de garde		p. 1
Présentation de l'entreprise		p. 2 à 4
MISSION 1 : Opérations courantes	(40 points)	p. 5
MISSION 2 : Gestion fiscale	(20 points)	p. 5
MISSION 3 : Gestion sociale	(35 points)	p. 6
MISSION 4 : Travaux d'inventaire	(25 points)	p. 6

ANNEXES

A - Documentation comptable, financière, fiscale et sociale associée à la situation

MISSION 1 :	Opérations courantes – Annexes A1 à A3	p. 7 à 11
MISSION 2 :	Gestion fiscale – Annexes A4 à A6	p. 11 à 13
MISSION 3 :	Gestion sociale – Annexes A7 à A8	p. 14
MISSION 4 :	Travaux d'inventaire – Annexes A9 à A12	p. 15 à 16

B - Extraits issus de la réglementation comptable, financière, fiscale et sociale en vigueur

MISSION 1 :	Annexe B1 (Documentation fiscale)	p. 17
	Annexe B2 (Documentation comptable)	p. 17
	Annexe B3 (Documentation professionnelle)	p. 18
	Annexe B4 (Mémento SQL)	p. 19
MISSION 3 :	Annexe B5 (Documentation sociale)	p. 20
	Annexe B6 (Documentation fiscale)	p. 21
MISSION 4 :	Annexe B7 (Cours des monnaies étrangères)	p. 21

AVERTISSEMENTS

Il vous est demandé d'apporter un soin particulier à la présentation de votre copie. Toute information calculée devra être justifiée et les démarches devront être clairement décrites.
Les enregistrements comptables devront être présentés de façon structurée et indiquer les informations suivantes :
- Pour l'ensemble de l'opération : la date, le code journal et le libellé de l'opération,
- Pour chaque ligne de l'opération : le N° de compte général, le N° de compte de tiers (le cas échéant) et le montant "débit" ou "crédit".

Si le texte du sujet, de ses questions ou de ses annexes, vous conduit à formuler une ou plusieurs hypothèses, il vous est demandé de la (ou les) mentionner explicitement dans votre copie.

Présentation générale de l'entreprise « Au Soin de Soie »

L'EURL « Au Soin de Soie » a été créée en 2008 par Mme Falco, diplômée d'esthétique. Elle développe trois activités :
- Un institut de beauté et de soins (esthétique, massage, …) ;
- Une boutique qui distribue en exclusivité des produits italiens de la marque SMN ;
- Un « corner vintage » (coin vintage) intégré aux locaux existants, ouvert en 2018, proposant un service de soin de barbe à l'ancienne.

L'EURL « Au Soin de Soie » emploie 7 salariés :
- M. Antonio : barbier ;
- Mme Charlotte : esthéticienne, chargée plus particulièrement des massages et de l'encadrement de l'équipe ;
- Mme Miranda, Mme Cécile, Mme Lola : esthéticiennes polyvalentes, ayant cependant chacune une spécialité ;
- M. Nicolas : vendeur en boutique ;
- Mme Mariana, chargée de l'entretien.
- Tous sont à temps plein et en CDI.

Identification de la société	EURL « Au Soin de Soie » 67 Rue du Maréchal Foch – 06400 CANNES SIRET : 493 668 156 00081
Code NAF :	9602B
Date de création	01/02/2008
Dirigeante	Mme Falco
Activités	Institut de beauté et de soins (prestations de services) Revente de produits SMN Barbier (prestations de services)
Convention collective	IDCC 3032 – Convention collective nationale de l'esthétique cosmétique et de l'enseignement technique et professionnel lié aux métiers de l'esthétique et de la parfumerie du 24 juin 2011
Capital de la société	L'EURL a été créée avec un capital de 1 000 € détenu à 100% par Mme Falco
Date de clôture de l'exercice comptable	31/12 de chaque année
Régime fiscal	Régime du réel normal - Aucune option spécifique en matière de TVA n'a été exercée.
Taux de TVA	Taux normal de 20 %
Régime d'imposition	Soumise à l'impôt sur les sociétés
Numéro TVA intracommunautaire	FR41 493 668 156
Clientèle	Particuliers : règlement au comptant

L'EURL « Au Soin de Soie » a recours au cabinet comptable TRIAL situé à Cannes pour réaliser certains travaux comptables, fiscaux et sociaux.

Selon la lettre de mission, la répartition des tâches est la suivante :

Travaux réalisés au sein de l'EURL	Travaux réalisés par le cabinet
Numérisation des factures (achats/ventes) et génération des feuilles de caisse pour les ventes au comptant et envoi par voie numérique sur le site du cabinet dédié aux clients.	Récupération des pièces numérisées sur le site dédié du cabinet et comptabilisation dans le module comptable du PGI. Enregistrement des pièces comptables spécifiques (immobilisations, financements, services, etc.).
Collecte des données relatives à la paie (temps, congés, planning, primes...).	Réalisation des fiches de paie et déclarations sociales.
	Contrôle de TVA et déclarations CA3.
Réalisation de l'inventaire physique.	Réalisation des travaux d'inventaire et production des états de synthèse.

Extrait du plan comptable de l'EURL « Au Soin de Soie »

Compte	Intitulé	Compte	Intitulé
215100	Installations complexes spécialisées	602241	Fournitures pour soins esthétiques (France)
281510	Amortissement des installations complexes spécialisées	602242	Fournitures pour soins barbes (France)
445620	TVA déductible sur immobilisations	607111	Achats de march. France pour le corps
445640	TVA déductible sur encaissements	607112	Achats de march. France pour le visage
445660	TVA sur autres biens et services	607121	Achats de march. Intracom. pour le corps
445662	TVA déductible Intracommunautaire	607122	Achats de march. Intracom. pour le visage
445712	TVA collectée - 20 %	706100	Prestations
445740	TVA collectée sur encaissements	707220	Ventes produits
512100	Banque populaire		

Organisation comptable

- Journaux utilisés dans le dossier client « Au Soin de Soie »

Code	Nom
ACH	Achats (biens, services et immobilisations)
VTE	Ventes (marchandises et cession d'immobilisations)
BQ	Banque
CA	Caisse
OD	Opérations diverses (TVA, salaires, amortissements, …)

- Extrait du plan de comptes tiers

401000 FOURNISSEURS	
Code	Libellé
401FR2SMN	SMN
401FR3GMC	GM COSMÉTIQUES
401FR1MLO	MONACO LOGISTIQUE
401FR1PEA	PEAU LYS SOINS
401FR1MIL	MILLET INGRID
401FR1TRI	CABINET TRIAL
401FR1DUC	DUCROS EXPRESS
401FR1BON	BONDI FOURNITURES

404000 FOURNISSEURS IMMOBILISATIONS	
Code	Libellé
404FR3STA	STAR DESIGN
404FR1BVA	BVA PRP

411000 CLIENTS	
Code	Libellé
411CLCOMT	CLIENTS COMPTOIR
411CLGRAN	LE GRAND HOTEL
411CLJWMA	JW MARRIOTT
411CLGRAY	LE GRAY D'ALBION BARRIERE
411CLBOAT	LE BOAT SUNSEEKER

Règles comptables

- Les factures d'achat sont enregistrées dans le module comptable à la date de facture.
- Les frais accessoires sur achats sont enregistrés dans les comptes de charges par nature.
- Les factures en devises sont converties en euros au taux du jour de la facture.

Votre poste au sein du cabinet comptable

Vous êtes en contrat d'apprentissage dans le cabinet comptable TRIAL.
Depuis septembre 2018, vous assistez Mme Chartier, expert-comptable, dans la gestion de ses dossiers et notamment celui de l'EURL « Au Soin de Soie ».

Vous disposez de l'adresse email suivante : assistantcannes@groupetrial.fr et pour toute correspondance, afin de respecter l'anonymat de votre copie, vous vous identifierez en tant que "l'assistant comptable".

MISSION 1 : OPÉRATIONS COURANTES	Annexes A1 à A3 Annexes B1 à B4

MISSION 1-A : Traitement des documents en instance du mois de novembre.

Vous récupérez des documents commerciaux divers restant à comptabiliser ainsi que les documents relatifs à la dernière opération réalisée avec le fournisseur SMN.

Procéder aux enregistrements comptables nécessaires.

MISSION 1-B : Projet de traitement des ventes et de la facturation des clients hôtels de luxe

Mme Falco, dirigeante de l'EURL, souhaite développer à partir de janvier 2019 un nouveau service ciblant les hôtels de luxe, nombreux à Cannes et dans les environs. Les hôteliers achèteraient des bons pour soins qu'ils proposeraient ensuite à leur propre clientèle.
Mme Chartier vous transmet un courriel de compte rendu de la discussion avec Mme Falco.

Préparer les éléments de réponse aux trois demandes de Mme Chartier.

MISSION 2 : GESTION FISCALE	Annexes A4 à A6

La lettre de mission de l'expert-comptable prévoit que la déclaration de la TVA est préparée entre le 8 et le 15 de chaque mois par le cabinet comptable. Le collaborateur responsable du dossier se charge de valider les montants et de télétransmettre la déclaration ainsi que le règlement. La copie de la déclaration télétransmise est ensuite envoyée par mail à la dirigeante de l'entreprise Au Soin de Soie, Madame Falco, afin qu'elle puisse tenir compte du règlement dans sa gestion de trésorerie.

Justifier les montants de la déclaration de TVA du mois de décembre 2018, établie par le logiciel début janvier 2019, avant de la transmettre à Mme Chartier.

MISSION 3 : GESTION SOCIALE	Annexes A7 à A8
	Annexes B5 et B6

MISSION 3-A : Heures supplémentaires et droit au repos

Mme Falco réunit mensuellement les salariés pour faire un point sur leurs éventuelles demandes. En novembre, Mme Miranda (esthéticienne) souhaite avoir des précisions sur le calcul de ses heures supplémentaires. Du fait du cumul important de ces heures depuis le début de l'année, elle a demandé s'il était possible qu'elle bénéficie d'un repos qui ne soit pas décompté de ses congés payés.

Justifier :
- *Le calcul des heures travaillées mensuelles mentionnées dans le contrat de travail et inscrites en pied de bulletin de salaire.*
- *La ligne « heures supplémentaires » (base et taux salarial) apparaissant sur le bulletin de salaire d'octobre 2018 de Mme Miranda.*

Déterminer :
- *La contrepartie obligatoire en repos dont peut bénéficier Mme Miranda et les modalités selon lesquelles elle peut l'exercer.*

MISSION 3-B : Frais de déplacement

Mme Falco, au regard de la demande de ses clients hôteliers, a décidé de mettre en place des prestations de soins au sein des hôtels de luxe. Mme Miranda (esthéticienne) est intéressée par ce nouveau service. Elle utiliserait son propre véhicule. Mme Falco se pose des questions sur les conditions de remboursement des frais de déplacement et des frais de repas.

Rédiger un mail adressé à Mme Falco (Falco@ausoindesoie.fr), le 11 décembre 2018 qui indiquera :
- *Le calcul du remboursement mensuel moyen des frais professionnels.*
- *Les conséquences de ce remboursement sur le bulletin de paie.*

MISSION 4 : TRAVAUX D'INVENTAIRE	Annexes A9 à A12
	Annexe B7

Au cours du mois de janvier 2019, Mme Chartier vous charge de procéder aux opérations d'inventaire et de régularisation sur le dossier EURL « « Au Soin de Soie ».

Comptabiliser au 31/12/2018, l'ensemble des écritures nécessaires en les justifiant.

A - Documentation comptable, financière, fiscale et sociale associée à la situation

Annexe A1 – Factures Fournisseurs – Documents restant à traiter

PEAU LYS SOINS
Produits de soins Homme
12, rue Jean Bouin 49000 Angers
Tél : 05 49 22 22 22
Ident TVA : FR 24744116800

Date	N° Client	N° T.V.A
09/11/2018	12443	FR41 493 668 156

Produits pour corner vintage

AU SOIN DE SOIE
67 Rue Maréchal Foch
06400　　CANNES

Facture N°	44866

Code	Désignation	Qté	PUHT	Total
627	Mousse à raser	50	3,10 €	155,00 €
356	Soins pour barbe	12	7,20 €	86,40 €
732	Crème hydratante pour barbe	42	12,00 €	504,00 €
	Remise 3%			22,36 €

Conditions de règlement : à 30 Jours　　　Échéance le　09/12/2018

Net Commercial	Taux TVA	Montant TVA	Total Net
723,04	20%	144,61	867,65 €

BVA PRP
machine spécialisée

166 Avenue de Poitiers
87000 Limoges
Tel : +33.4 92 78 53 02
Fax : 04 92 48 52 91
FR 33 385 216 674
SIRET : 480784776

FACTURE N°342/001

Le **15/11/2018**

DOIT　　Au soin de Soie
67, Boulevard Maréchal Foch
06 400 CANNES
FR 41493668156

Votre BT n° 342 du 13/11/2018

Réf.	Désignation	Qté	PUHT	Total HT
ELI4	Epilateur EPL4 (elight photo)	1	2 990,00	2 990,00
FT	Frais de transport			120,00
INS	Installation et explications	1	60	60,00
	TOTAL BRUT HT			3 170,00
	Remise 3%			95,10
	Net commercial			3 074,90
	Escompte 2%			61,50
	Net financier			3 013,40
	TVA		20%	602,68
	TTC			**3 616,08**
	Net à payer			**3 616,08**

Règlement à réception de la facture par chèque

Annexe A2 – Synthèse des procédures commerciales concernant le fournisseur SMN et documents restant à traiter

1- La commande auprès du fournisseur italien SMN déclenche la fabrication des produits (bon de commande).

2- Quatre semaines plus tard, les articles sont facturés par le fournisseur SMN à la boutique. La facture est dématérialisée. La boutique effectue un virement du montant de la facture qui constitue un paiement anticipé (ordre de virement).

3- La réception du virement par SMN déclenche la procédure de livraison (bon de livraison).

4- Une semaine plus tard, les articles commandés sont livrés par un transporteur monégasque (facture du transporteur). L'institut émet un bon de réception.

- Facture SMN

Officina Profumo Farmacenti di SMN S.p.A
Negoozio e Museo Vin della Scalla 16 _ 50123 Firenze
Tel +39 055 4368315 _ Fax =39 055
RAEE(n°intra) n° IT 090900000062524222432

AU SOIN DE SOIE
67, Rue Maréchal Foch
06400 CANNES
FR 41493668156

Documentato/document FATTURA n° 640			date 12/11/2018	Code Cliente 1911	Pagamento/Payment 02 PAGAMENTO ANTICIPATO	
Cod. Articolo/item	Descrizione/Description	UM	Quantity	Prezzo/price	Sconti/discount	Importo/Total
P011306	CREMA PER CORPOI. 100 ml	PZ	12	14,00		168,00
P011307	PASTA DI MANDORLE. 50 ml	PZ	18	20,61		370,98
P010714	BAGNOSCHIUMA ALGHE MARINE.250 ml	PZ	34	13,50		459,00
P030915	CREMA DA FACCIA. 220 ml	PZ	29	18,80		545,20
P030910	CREMA PRE-DOPO FACCIA. 100 ml	PZ	6	13,60		81,60
Totale Merce 1624,78	Sconti		**Netto** 1624,78	IVA (TVA) 0,00	Total	1 624,78 €
Totale Imponibile 1624,78	Totale Iva (TVA) 0,00		Omaggi 0,00		Total A Pagare Total à payer	1 624,78 €

- Codification fournisseur SMN

Code fournisseur	*Catégorie correspondante*
P010000	Articles pour le corps
P030000	Articles pour le visage

Annexe A2 (suite) : Synthèse des procédures commerciales concernant le fournisseur SMN et documents restant à traiter

- Document de paiement anticipé

CANNES-CARNOT le 12/11/2018 à 9 : 55

VIREMENT OCCASIONNEL ORDINAIRE SEPA N° 20610

Emetteur : AU SOIN DE SOIE   Numéro de compte : 60247190133
Destinataire : OFFICINA SMN
Banque
IBAN : IT96 V380 8524 1000 0000 0008 976   BIC   ICRAITPP191
Caractéristiques virement :
Date exécution : 12/11/2018
Motif Paiement : Facture n°640   Montant : 1 624,78 EUR
Authentification :
EUROS 12/11/2018   20610 3062 00/00/0000 VIUC 60247190133 1 624,78

- Facture du transporteur

TRANSPORTS - LOGISTIQUE - OVERSEAS
6 rue Princesse Florentine - MC 98000 MONACO
Tél : 00 (377) 97 97 32 22 Fax 00 (377) 97 97 32 23
Ident TVA : FR 34000506264

Date	N° Client	N° T.V.A
19/11/2018	9003249	FR41 493 668156

Agence de facturation
Monaco Logistique

Expéditeur : OFFICINA SMN
Destinataire : AU SOIN DE SOIE

AU SOIN DE SOIE
67 Rue Maréchal Foch
06400   CANNES

Facture N°	1204

Nbre pal.	Poids brut	Poids taxable	Volume
1	226	300	1,72

Code	Désignation	Non Taxable	Taxable
2321	Transport		210,00 €
123	Frais de gestion		15,00 €

Conditons de règlement : à 30 Jours   Échéance le 19/12/2018

Total Non Tax.	Total Taxable	Taux TVA	Montant TVA	Total Net
	225,00 €	20%	45,00 €	270,00 €

Annexe A3 – Courriel de résumé de la conversation entre Mme Chartier, l'expert-comptable et Mme Falco gérante de l'EURL « Au Soin de Soie » au sujet des clients comptoir

De : Chartier@groupetrial.fr	A : assistantcannes@groupetrial.fr
Objet : projet de modification de délai de règlement client	Le : 24/11/2018
📎 Pièce(s) jointe(s): Facturetest.pdf Extrait du schéma relationnel de la base de données clients.pdf	

Bonjour,

Suite au rendez-vous avec Mme Falco, gérante de l'EURL « Au Soin de Soie », je vous résume le contenu de notre entretien :
- Elle travaille fréquemment au niveau de l'institut avec des hôtels de luxe. Ils lui envoient régulièrement de la clientèle. Jusqu'à présent, ces clients étaient gérés comme des "clients comptoir" car ils réglaient sur place après la prestation. Elle a un projet de modification de délai de règlement pour cette catégorie de clients.
- Elle a proposé à ces établissements, à partir de janvier 2019, de traiter directement avec l'institut. Elle leur facturera des prestations en leur accordant un délai de paiement. Ce ne sera plus le particulier qui s'acquittera de la prestation mais l'établissement hôtelier. La facture leur sera remise, et le règlement s'effectuera une fois le délai de paiement écoulé. Elle a négocié avec les hôtels un délai de règlement de 30 jours.

Pour préparer ce projet, je vous demande de bien vouloir :

- **Signaler les éléments manquants de la facture test (pièce jointe), issue du module de gestion commerciale du PGI, afin qu'elle soit conforme à la règlementation et justifier la régularité du délai de paiement proposé ;**
- **Proposer les enregistrements comptables relatifs à cette facture test et à son règlement, cela facilitera le paramétrage ultérieur du PGI ;**
- **Rédiger à partir du schéma relationnel fourni en pièce jointe, la requête SQL qui lui permettra de connaître les éventuels clients ayant un retard de paiement, à la date du jour, pour une relance téléphonique. Elle sera implantée dans le PGI.**

Je souhaite vous voir dès demain pour vérifier vos propositions.

Cordialement
Mme Chartier

📎 **Pièce jointe : Extrait du schéma relationnel de la base de données client.pdf**

Client (<u>Numclts</u>, Nomclts, AdresseRueclts, CPclts, Villeclts, Téléphoneclts)
Facture (<u>Numfac</u>, Datefac, Montantfac, Dateéchéancefac, Facréglée, #Numclts)
Comprendre (<u>#Numfac, #NumArt</u>, Qté)
Article (<u>NumArt</u>, DésignationArt, PrixunitaireArt)

Complément :
- La date du jour est représentée par la fonction date()
- Facréglée contient « oui » ou « non »

Annexe A3 – (suite) pièce jointe courriel

Pièce jointe : Facturetest.pdf

Annexe A4 – Balance des comptes de classe 7 - décembre 2018

EURL AU SOIN DE SOIE   31/12/2018
67 Rue Maréchal Foch
06 400 CANNES   Dossier: 80543

Balance Générale/ Période

Exercice du 01/01/2018 au 31/12/2018
Période du 01/12/2018 au 31/12/2018
Comptes :   Comptes mouvementés

Compte	Intitulé	Débit	Crédit	Solde débiteur	Solde créditeur
706100 (1)	PRESTATIONS	- €	34 591,67 €	- €	34 591,67 €
	TOTAL Classe 706	- €	34 591,67 €	- €	34 591,67 €
707220	VENTES PRODUITS	3 971,00 €	23 826,00 €	- €	19 855,00 €
	TOTAL Classe 707	3 971,00 €	23 826,00 €	- €	19 855,00 €
	TOTAL Classe 70	3 971,00 €	58 417,67 €	- €	54 446,67 €

(1) Les clients paient au comptant.

Annexe A5 – Renseignements issus de la balance des comptes des classes 2 et 6 - décembre 2018

EURL AU SOIN DE SOIE				31/12/2018	
67 Rue Maréchal Foch					
06 400 CANNES				Dossier :	80543

Balance Générale/ Période

Exercice du 01/01/2018 au 31/12/2018
Période du 01/12/2018 au 31/12/2018

Comptes :   Comptes mouvementés

Compte	Intitulé	Débit	Crédit	Solde débiteur	Solde créditeur
60**	Achats de marchandises, matières et fournitures (1)	18 428,31 €	156,20 €	18 272,11 €	
61**	Services extérieurs	6 510,52 €	81,14 €	6 429,38 €	
62**	Autres services extérieurs	2 935,15 €		2 935,15 €	

(1) dont soldes des comptes 607

Compte	Intitulé	Débit	Crédit	Solde débiteur	Solde créditeur
60711*	Achats de marchandises France	7 314,75 €		7 314,75 €	
60712*	Achats de marchandises Intracom.	10 957,36 €		10 957,36 €	

- Détail des comptes 61** et 62** par type de fournisseur

Fournisseurs ayant opté pour les débits (2)	Achats de services encore non réglés	316,49 €
	Achats de services réglés	270,61 €
Fournisseurs au régime des encaissements	Achats de services encore non réglés	6 392,51 €
	Achats de services réglés	130,80 €
Autres prestations non soumises		2 254,12 €
	Total des comptes 61 et 62	9 364,53 €

(2) aucun acompte n'a été versé sur la période

- Renseignements sur les comptes de la classe 2

Immobilisations	Acquisitions de décembre 2018 HT	1 420,00 €

Annexe A6 – Déclaration de TVA du mois de décembre 2018

A - MONTANT DES OPÉRATIONS RÉALISÉES

OPÉRATIONS IMPOSABLES (H.T.)

		N°	Montant
01	Ventes, prestations de services	0979	54447
02	Autres opérations imposables	0981	
2A	Achats de prestations de services intracommunautaires (article 283-2 du code général des impôts)	0044	
2B	Importations (entreprises ayant opté pour le dispositif d'autoliquidation de la TVA à l'importation)	0045	
03	Acquisitions intracommunautaires (dont ventes à distance et/ou opérations de montage : _____)	0031	10957
3A	Livraisons d'électricité, de gaz naturel, de chaleur ou de froid imposables en France	0030	
3B	Achats de biens ou de prestations de services réalisées auprès d'un assujetti non établi en France (article 283-1 du code général des impôts)	0040	
3C	Régularisations (important : cf. notice)	0036	

OPÉRATIONS NON IMPOSABLES

		N°	Montant
04	Exportations hors UE	0032	
05	Autres opérations non imposables	0033	
06	Livraisons intracommunautaires	0034	
6A	Livraisons d'électricité, de gaz naturel, de chaleur ou de froid non imposables en France	0029	
07	Achats en franchise	0037	
7A	Ventes de biens ou prestations de services réalisées par un assujetti non établi en France (article 283-1 du code général des impôts)	0043	
7B	Régularisations (important : cf. notice)	0039	

B - DÉCOMPTE DE LA TVA À PAYER

TVA BRUTE

		N°	Base hors taxe	Taxe due
	Opérations réalisées en France métropolitaine			
08	Taux normal 20 %	0207	65404	13081
09	Taux réduit 5,5 %	0105		
9B	Taux réduit 10 %	0151		
	Opérations réalisées dans les DOM			
10	Taux normal 8,5 %	0201		
11	Taux réduit 2,1 %	0100		
12				
	Opérations imposables à un autre taux (France métropolitaine ou DOM)			
13	Ancien taux	0900		
14	Opérations imposables à un taux particulier (décompte effectué sur annexe 3310 A)	0950		
15	TVA antérieurement déduite à reverser	0600		
5B	Sommes à ajouter, y compris acompte congés (exprimées en euro)	0602		
16	Total de la TVA brute due (lignes 08 à 5B)			13081
7C	Dont TVA sur importations bénéficiant du dispositif d'autoliquidation	0046		
17	Dont TVA sur acquisitions intracommunautaires	0035		2191
18	Dont TVA sur opérations à destination de Monaco	0038		

La ligne 11 ne concerne que les DOM. Les autres opérations relevant du taux de 2,1 % sont déclarées sur l'annexe 3310 A.

TVA DÉDUCTIBLE

		N°	Taxe
19	Biens constituant des immobilisations	0703	284
20	Autres biens et services	0702	3798
21	Autre TVA à déduire (dont régularisation sur de la TVA collectée [cf. notice])	0059	
22	Report du crédit apparaissant ligne 27 de la précédente déclaration	8001	
2C	Sommes à imputer, y compris acompte congés (exprimées en euro)	0603	
23	Total TVA déductible (lignes 19 à 2C)		4082
22A	Indiquer ici le coefficient de taxation forfaitaire applicable pour la période s'il est différent ____ %		
24	Dont TVA non perçue récupérable par les assujettis disposant d'un établissement stable dans les DOM (articles 295-1-5° et 295 A du code général des impôts)	0709	

CRÉDIT

		N°	Montant
25	Crédit de TVA (ligne 23 – ligne 16)	0705	
26	Remboursement de crédit demandé sur formulaire n° 3519 joint	8002	
AA	Crédit de TVA transféré à la société tête de groupe sur la déclaration récapitulative 3310-CA3G	8005	
27	Crédit à reporter (ligne 25 – ligne 26 – ligne AA)	8003	

(Cette somme est à reporter ligne 22 de la prochaine déclaration)

Attention ! Une situation de TVA créditrice (ligne 25 servie) ne dispense pas du paiement des taxes assimilées déclarées ligne 29.

TAXE À PAYER

		N°	Montant
28	TVA nette due (ligne 16 – ligne 23)		8999
29	Taxes assimilées calculées sur annexe n° 3310 A	9979	
AB	Total à payer acquitté par la société tête de groupe sur la déclaration récapitulative 3310-CA3G (lignes 28 + 29)	9991	
32	Total à payer (lignes 28 + 29 – AB) *(N'oubliez pas de joindre le règlement correspondant)*		8999

Les dispositions des articles 39 et 40 de la loi n° 78-17 du 6 janvier 1978 relative à l'informatique, aux fichiers et aux libertés, garantissent les droits des personnes physiques à l'égard des traitements des données à caractère personnel.

Si vous réalisez des opérations intracommunautaires, pensez à la déclaration d'échanges de biens (livraisons de biens) ou à la déclaration européenne de services (prestations de services) à souscrire auprès de la Direction Générale des Douanes et des Droits indirects (cf. notice de la déclaration CA3).

Annexe A7 – Renseignements relatifs à la paye de Madame Miranda

- Extraits du contrat de travail de Madame Miranda :

Article 5 : rémunération
Madame Yolanda Miranda percevra une rémunération mensuelle brute de 1 671,78 € (mille six cent soixante et onze euros et soixante dix-huit centimes) pour un horaire travaillé de 164,67 heures mensuelles.

Article 6 : durée du travail
La durée hebdomadaire de travail de Madame Yolanda Miranda est de 38 heures par semaine, réparties du mardi au samedi. Selon les besoins de l'entreprise, elle pourra être amenée à réaliser plus d'heures supplémentaires.

- Haut de bulletin de salaire d'octobre 2018

BULLETIN DE PAYE	N° 10	Période de paye : 01/10/2018 au 31/10/2018		Date de paiement le : 31/10/2018		
AU SOIN DE SOIE 67 BOULEVARD MARECHAL FOCH 06400 CANNES SIRET : 493668156 NAF : 9602B **URSSAF** MARSEILLE Cedex 20 0611057801019		Madame MIRANDA Yolanda 33 Av. Charles Martel 06400 CANNES Date d'entrée : 04/05/2016 Date ancienneté : 04/05/2016 Nature d'emploi : ESTHETICIENNE Statut catégoriel : Non Cadre N° S.S. : 276051209907615				
CCN : Esthétique cosmétique et enseignement esthétique et parfumerie						
Libellé	Base	Taux Sal.	Gain	Retenue	Part patronale Taux	Montant
Salaire de base	151,67	9,956	1 510,00			
Heures supplémentaires à 25%	13,00	12,445	161,78			
Total Brut SS			1 671,78			

- Pied de bulletin de salaire d'octobre 2018

	Plafond S.S.	Heures travaillées	Jours trav.	Salaire brut	Tranche A	Tranche 2	Net imposable	Charges sal.	Charges pat.
Mois	3 311,00	164,67 h	22,00	1 671,78	1 671,78	-	1 343,37	365,09	228,98
Cumul année		1735,00 h	208,00	18 203,89	18 203,89	-	13 644,22	4 009,40	2 552,34

Pour plus d'informations sur le bulletin simplifié : https://www.service-public.fr   Pour faire valoir vos droits, conservez ce bulletin sans limitation de durée.

Annexe A8 – Informations relatives aux frais professionnels de Mme Miranda

D'après les prévisions effectuées par Mme Falco, trois prestations par semaine seraient réalisées dans les différents hôtels avec une distance moyenne aller par prestation de 12 kilomètres.
Chaque prestation entrainera le remboursement d'un repas.
Les indemnités seront indiquées sur le bulletin de paie.
Mme Miranda possède un véhicule de 5 CV et ne prendra pas ses repas au restaurant. On considère qu'elle travaille 46 semaines par an en tenant compte des congés payés et des jours fériés.
Les remboursements des frais seront répartis de façon équitable sur 11 mois.

Annexe A9 - Taux de change Franc Suisse/Euro

Date	Franc suisse	Euro
05/11/2018	1 CHF	0,87209 €
31/12/2018	1 CHF	0,88120 €

Annexe A10 – Factures à traiter

Annexe A11 - Extrait du tableau d'amortissement de la machine UV

EURL AU SOIN DE SOIE

Fiche immobilisation complète

Code : IM00012   **Libellé : Machine UV**   **Etat   En stock**

Date d'acquisition :	15/11/2018	Montant HT :	12 769,14
Date de mise en service :	01/12/2018	TVA :	2 553,83
Famille :	FAM000001	Montant TTC :	15 322,97
Lieu :	LOC000000		

Amortissement économique

Mode d'amortissement :	Linéaire
Durée en mois :	60,00
Date de fin d'amortissement :	30/11/2023
Base amortissable :	12 769,14
Valeur résiduelle	0,00

Amortissement fiscal

Mode d'amortissement :	Linéaire
Durée en mois :	60,00
Date de fin d'amortissement :	30/11/2023
Base amortissable :	12 769,14

Plan d'amortissement

Exercice	Amortissement économique			Amortissement fiscal			Amortissement dérogatoire	
	Base amort.	Dotation	VNC	Base amort.	Dotation	VNC	Dotation	Reprise
31/12/2018	12 769,14	212,82	12 556,32	12 769,14	212,82	12 556,32	0,00	0,00
31/12/2019	12 769,14	2 553,83	10 002,49	12 769,14	2 553,83	10 002,49	0,00	0,00
31/12/2020	12 769,14	2 553,83	7 448,67	12 769,14	2 553,83	7 448,67	0,00	0,00
31/12/2021	12 769,14	2 553,83	4 894,84	12 769,14	2 553,83	4 894,84	0,00	0,00
31/12/2022	12 769,14	2 553,83	2 341,00	12 769,14	2 553,83	2 341,00	0,00	0,00
31/12/2023	12 769,14	2 341,00	0,00	12 769,14	2 341,00	0,00	0,00	0,00

> *Valeur de revente prévue au terme des 5 ans : 3 000 € vue avec Mme Falco. L'écriture de dotation 2018 générée par le PGI est à régulariser.*

Annexe A12 – État des stocks

EURL AU SOIN DE SOIE   **31/12/2018**
67 Rue Maréchal Foch
06 400 CANNES   Dossier: 80543

Balance Générale (avant inventaire)

Exercice du 01/01/2018 au 31/12/2018
Comptes :   du compte 302000 au compte 307000

Compte	Intitulé	Débit	Crédit	Solde débiteur	Solde créditeur
322400	Stocks de fournitures soins esthétiques et barbes	2 898,00 €		2 898,00 €	
	TOTAL Classe 32	2 898,00 €	- €	2 898,00 €	- €
371200	Stocks de marchandises SMN	3 671,00 €		3 671,00 €	
	TOTAL Classe 37	3 671,00 €	- €	3 671,00 €	- €
	TOTAL Classe 3	6 569,00 €	- €	6 569,00 €	- €

Inventaire au 31/12/2018 (fourni par Mme Falco)

État des stocks (inventaire physique)	Montant en euros
Fournitures de soins esthétique (crème, huile, lait, cire etc.)	1 710,00
Fourniture soins barbe (mousse à raser, crème hydratante etc.)	844,50
Marchandises SMN (boutique)	4 032,00

B - Extraits issus de la réglementation comptable, financière, fiscale et sociale en vigueur

Annexe B1 – Extrait de la documentation fiscale – Mémento fiscal FL - 2018

1- *Territorialité de la TVA - Champ d'application territorial*
§48520 - [...] Au regard de la TVA, l'expression "en France" englobe :
- La France continentale, y compris les zones franches et les îles du littoral
- La Corse
- La principauté de Monaco où la législation française est introduite par ordonnances princières
- Les eaux territoriales
- Le plateau continental

Quant aux départements d'outre-mer, ils appellent des explications particulières. [...]

Complément : http://service-public-entreprises.gouv.mc/Fiscalite/TVA
Les territoires français et monégasque, y compris leurs eaux territoriales, forment une union douanière organisée par la convention douanière franco-monégasque du 18 mai 1963. La réglementation douanière française est directement applicable dans la Principauté de Monaco.

2- *TVA sur les prestations de services - règles générales*
§52645 - [...] pour ce qui concerne l'exigibilité (notion qui, on le rappelle, présente le plus d'intérêt pratique), le principe est que la TVA afférente aux prestations de services est exigible lors de l'encaissement des acomptes, du prix ou de la rémunération.
La taxe peut cependant, sur option, être exigible d'après les débits.

Annexe B2- Documentation comptable – coût d'entrée des immobilisations corporelles

213-8. PCG - janvier 2018

Le coût d'acquisition d'une immobilisation corporelle est constitué :

- du prix d'achat, y compris les droits de douane et taxes non récupérables, après déduction des remises, rabais commerciaux et escomptes de règlement ;

- de tous les coûts directement attribuables engagés pour mettre l'actif en place et en état de fonctionner selon l'utilisation prévue par la direction. Dans les comptes individuels, les droits de mutation, honoraires ou commissions et frais d'actes, liés à l'acquisition, peuvent sur option, être rattachés au coût d'acquisition de l'immobilisation ou comptabilisés en charges ;

- de l'estimation initiale des coûts de démantèlement, d'enlèvement et de restauration du site sur lequel elle est située, en contrepartie de l'obligation encourue, soit lors de l'acquisition, soit en cours d'utilisation de l'immobilisation pendant une période donnée à des fins autres que de produire des éléments de stocks. Dans les comptes individuels, ces coûts font l'objet d'un plan d'amortissement propre tant pour la durée que le mode. […]

http://www.anc.gouv.fr

Annexe B3 – Documentation professionnelle - extraits

Les modalités de lutte contre les retards de paiement

L'article 121 de la loi n° 2012-387 du 22 mars 2012 relative à la simplification du droit et à l'allègement des démarches administratives a procédé à la transposition de la directive n° 2011/7/UE du 16 février 2011 concernant la lutte contre les retards de paiement dans les transactions commerciales. Il s'agit notamment de la création d'une indemnité forfaitaire due en cas de retard de paiement, dont la mention et le montant doivent obligatoirement figurer dans les conditions générales de vente et dans les factures. Le débiteur en retard de paiement doit verser à son créancier une indemnité forfaitaire pour frais de recouvrement.

Le décret n° 2012-1115 du 2 octobre 2012 précise ces dispositions en insérant dans le Code de commerce un nouvel article D. 441-5 qui fixe le montant de l'indemnité forfaitaire pour frais de recouvrement à 40 euros. Cette indemnité a pour objet de compenser les frais de recouvrement exposés par les créanciers en cas de retard de paiement de manière à décourager ceux-ci, et de permettre d'indemniser le créancier pour les coûts administratifs et les coûts internes liés au retard de paiement.

Des pénalités de retard sont dues en cas de paiement tardif. A défaut de stipulation contractuelle sur ce point, le taux de ces pénalités correspond au taux directeur (taux de refinancement ou Refi) semestriel de la Banque centrale européenne (BCE), en vigueur au 1er janvier ou au 1er juillet, majoré de 10 points. Cependant les conditions contractuelles peuvent définir un taux inférieur, sans toutefois être en-deçà du taux minimal correspondant à 3 fois le taux de l'intérêt légal.

Les pénalités sont exigibles sans qu'un rappel ne soit nécessaire.
Elles courent dès le jour suivant la date de règlement portée sur la facture ou, à défaut, le 31e jour suivant la date de réception des marchandises ou de la fin de l'exécution de la prestation de service. [...]

Source: www.economie.gouv.fr/dgccrf/Publications/ du 18/01/2018

Les délais de paiement

Dans les contrats entre professionnels, le paiement fait l'objet d'une négociation entre les partenaires commerciaux. Le délai de paiement doit obligatoirement figurer dans les conditions générales de vente et dans les factures.
Plusieurs délais de paiement sont possibles :

- Paiement comptant : le client a l'obligation de payer les biens le jour de la livraison ou le jour de la réalisation.

- Paiement à réception avec un délai d'au moins une semaine, incluant le temps d'acheminement de la facture.

- Paiement avec délai par défaut : avec un délai maximum fixé au trentième jour suivant la livraison de la marchandise ou l'exécution de la prestation (en l'absence de mention de délai dans le contrat).

- Paiement avec délai négocié : des clauses particulières figurant aux conditions de ventes ou convenues entre les parties peuvent amener le délai jusqu'à 60 jours après l'émission de la facture, ou à condition d'être mentionnées dans le contrat, à la fin du mois après 45 jours [...]

source : www.service.public.fr

Annexe B4 – Mémento SQL

PROJECTION D'ATTRIBUTS		
Expression	*Résultat*	*Syntaxe*
SELECT	Spécifie les attributs que l'on veut extraire et afficher	SELECT TABLE.Attribut
FROM	Spécifie les tables nécessaires à la requête	FROM TABLE1, TABLE2
;	Indique que la requête est terminée	;

SÉLECTION		
Expression	*Résultat*	*Syntaxe*
WHERE	Précède la première jointure ou sélection	WHERE TABLE.Attribut LIKE chaîne de caractères
AND	Succède à WHERE que ce soit pour une sélection ou une jointure	AND TABLE.Attribut = Valeur numérique
OR	Précède une sélection (union)	OR TABLE.Attribut = Valeur numérique
LIKE / =	LIKE précède une chaîne de caractères. = précède une valeur numérique.	WHERE TABLE.Attribut LIKE chaîne de caractères AND TABLE.Attribut = Valeur numérique
IS [NOT] NULL	Prédicat de [non] nullité	WHERE TABLE.Attribut IS [NOT] NULL
BETWEEN … AND …	Prédicat d'intervalle Équivalent à >= … AND <= …	WHERE TABLE.Attribut BETWEEN valeur1 AND valeur 2

TRI		
Expression	*Résultat*	*Syntaxe*
ORDER BY … ASC ou DESC	La hiérarchie des clés de tri est définie par l'ordre des attributs derrière ORDER BY	ORDER BY TABLE.Attribut1, TABLE.Attribut2 ASC

CALCULS		
Expression	*Résultat*	*Syntaxe*
SUM	Retourne la somme des valeurs d'un attribut d'une table	SELECT SUM (TABLE.Attribut) AS NomAlias
AVG	Retourne la moyenne des valeurs d'un attribut d'une table	SELECT AVG (TABLE.Attribut) AS NomAlias
MAX	Retourne la valeur maximum d'un attribut d'une table	SELECT MAX (TABLE.Attribut) AS NomAlias
MIN	Retourne la valeur minimum d'un attribut d'une table	SELECT MIN (TABLE.Attribut) AS NomAlias
AS	L'attribut projeté est identifié par le nom de l'alias	SELECT SUM (TABLE.Attribut) AS NomAlias

REGROUPEMENT		
Expression	*Résultat*	*Syntaxe*
COUNT	Retourne le nombre de tuples d'une table	SELECT COUNT (TABLE.Attribut) AS NomAlias
GROUP BY	Permet de faire porter les fonctions d'agrégat sur des partitions de la table	GROUP BY TABLE.Attribut HAVING TABLE.Attribut = Valeur
HAVING	Permet d'appliquer des prédicats de condition sur des résultats de regroupement	GROUP BY TABLE.Attribut HAVING TABLE.Attribut = Valeur

Annexe B5 - Documentation sociale

1 - Extraits de la convention collective nationale de l'esthétique-cosmétique

1.1. Durée légale du travail : Dans toutes les entreprises entrant dans le champ d'application de la branche, la durée légale du travail effectif des salariés à temps complet est fixée à 35 heures par semaine civile. […]

1.2 Contingent d'heures supplémentaires : Le contingent annuel d'heures supplémentaires est fixé à 200 heures. Par principe les heures supplémentaires sont rémunérées.

Pour chaque heure supplémentaire, le taux sera majoré :
- de 25 % de la 36ème heure à la 43ème heure de travail effectif au cours d'une semaine ;
- de 50 % à partir de la 44ème heure de travail au cours d'une semaine.

[…]

1.4. Contrepartie obligatoire en repos : Les heures supplémentaires accomplies au-delà du contingent annuel pour toute heure supplémentaire donnent lieu à une contrepartie obligatoire en repos telle que fixée par la loi.

Le droit à repos est ouvert dès lors que la contrepartie obligatoire atteint 7 heures.

Pour l'attribution de ce repos, il est convenu que chaque heure supplémentaire ouvre droit à un repos égal :
- à 50 % du temps pour les entreprises de moins de 20 salariés ;
- à 100 % du temps pour les entreprises de plus de 20 salariés.

Lorsque des droits à contrepartie obligatoire en repos sont ouverts, les repos doivent être pris dans les deux mois qui suivent.

Une demande de repos ne peut être différée par l'employeur que dans un délai de deux mois maximum.

Les contreparties en repos peuvent être prises par journée ou demi-journée.

2 - Extrait du Lamy- Liaisons Sociales : Comment informer le salarié de ses droits acquis ?

A défaut de précision conventionnelle contraire, vous devez, par un document annexé au bulletin de paye, informer chaque salarié du nombre d'heures portées à son crédit. […]
Les documents […] annexés au bulletin de salaire peuvent être sous format électronique lorsque des garanties de contrôle équivalentes sont maintenues. […]

Annexe B6 – Documentation fiscale

1- Extrait du Dictionnaire pratique Revue Fiduciaire 2018

- Frais professionnels définition

Les frais professionnels sont des frais engagés par le salarié, non pour convenance personnelle mais pour accomplir sa mission dans l'entreprise. [...]

- Assiette des cotisations

Les frais professionnels sont exclus de l'assiette des cotisations sociales. Ils sont aussi exclus de la base CSG/CRDS y compris lors de l'application d'une déduction forfaitaire spécifique pour frais professionnels.

- Modalités de remboursement

Il existe deux modalités, le remboursement peut prendre la forme de :
- Soit d'un remboursement des dépenses réelles ou la prise en charge directe des frais par l'employeur sur justificatifs ;
- Soit d'un versement d'allocations forfaitaires présumées utilisées conformément à leur objet à concurrence des limites d'exonérations fixées par la règlementation [1] pour certaines catégories de frais professionnels. [...]

(1) Les limites fixées par la règlementation sont pour l'utilisation d'un véhicule personnel dans le cadre professionnel fixées par le barème fiscal des indemnités kilométriques pour les frais de déplacement.

2 - Extrait du Mémento fiscal FL 2018

§ 97200 - Barème fiscal d'indemnités kilométriques

Puissance administrative	Jusqu'à 5 000 kms par an	De 5 001 à 20 000 kms par an	Au-delà de 20 000 kms par an
3 CV et moins	d * 0,410	(d*0,245) + 824	d * 0,286
4 CV	d * 0,493	(d*0,277) + 1 082	d * 0,332
5 CV	d * 0,543	(d*0,305) + 1 188	d * 0,364
6 CV	d * 0,568	(d*0,320) + 1 244	d * 0,382
7 CV	d * 0,595	(d*0,337) + 1 288	d * 0,401

3 - Extrait du Mémento social FL 2018

§22650 - Salariés en déplacement

Si le salarié est en déplacement hors des locaux de l'entreprise ou sur un chantier et si les conditions de travail lui interdisent de regagner sa résidence ou son lieu habituel de travail pour le repas [...] l'indemnité destinée à compenser les dépenses supplémentaires de repas est réputée utilisée conformément à son objet pour la fraction qui n'excède pas 9,10 € par repas en 2018.

Annexe B7 - Cours des monnaies étrangères (extrait de la Revue Fiduciaire)

Du point de vue comptable, les créances et dettes en monnaies étrangères sont converties et comptabilisées en euro sur la base du dernier cours du change. Lorsque l'application du taux de conversion à la date de clôture de l'exercice a pour effet de modifier les montants en euro précédemment comptabilisés, les différences de conversion sont inscrites au bilan (compte 476 à l'actif pour les pertes latentes ou compte 477 au passif pour les gains latents).

Les pertes latentes entraînent la constitution d'une provision (compte 151) qui vient en déduction du résultat comptable.

ÉLÉMENTS INDICATIFS DE CORRIGÉ – COMPTABILITÉ ET GESTION
CAS « AU SOIN DE SOIE »

Mission 1 : OPÉRATIONS COURANTES

MISSION 1-A : Traitement des documents commerciaux en instance du mois de novembre.

Journal	Date	Numéro de compte		Libellé de l'écriture	Débit	Crédit
		Général	Tiers			
ACH	09/11/18	602242		facture 44866 de PEAU LYS SOINS	723,04	
		445660			144,61	
		401000	FR1PEA			867,65

Journal	Date	Numéro de compte		Libellé de l'écriture	Débit	Crédit
		Général	Tiers			
ACH	15/11/18	215100		Facture n°342001 de BVA PRP	3 013,40	
		445620			602,68	
		404000	FR1BVA			3 616,08

Journal	Date	Numéro de compte		Libellé de l'écriture	Débit	Crédit
		Général	Tiers			
BQ	12/11/18	401000	FR2SMN	Virement SEPA Banque Populaire	1 624,78	
		512100	,	N° 20610		1 624,78

Journal	Date	Numéro de compte		Libellé de l'écriture	Débit	Crédit
		Général	Tiers			
ACH	12/11/18	607121		Facture n°640 de SMN	997,98	
		607122		997,98 = 168 + 370,98 +	626.80	
		445662		459	324,96	
		445200		626,8 = 545,20 + 81,60		324,96
				TVA = 1 624,78 * 20%		
		401000	FR2SMN			1 624,78

Journal	Date	Numéro de compte		Libellé de l'écriture	Débit	Crédit
		Général	Tiers			
ACH	19/11/18	624100		Facture n°1204 Monaco	225,00	
		445640		Logistique	45,00	
		401000	FR1MLO	On admettra 628000 ou 658000 pour 15,00 Et 624100 pour 210,00 On admettra 4458 à la place de 445640		270,00

MISSION 1-B : Traitement des ventes et de la facturation

- Éléments manquants de la facture test

Le client doit ajouter les éléments suivants dans ses factures :
- ➢ Le délai de règlement et la date d'échéance ;
- ➢ Le montant de l'indemnité forfaitaire en cas de retard de paiement ;

- Régularité du délai de paiement proposé de 30 jours : en cas de délai de paiement négocié, le délai de paiement peut aller jusqu'à 60 jours après l'émission de la facture.
(non exigé : si il y a mention dans le contrat établi entre le client et le fournisseur, cela peut être 45 jours fin de mois).

- Les écritures
  - A la facturation

Journal	Date	Numéro de compte		Libellé de l'écriture	Débit	Crédit
		Général	Tiers			
VTE	02/11/18	411000	CLGRAY	Facture test	600,00	
		706100		n°00010925 à GRAY		500,00
		445740 ou 445800		D'ALBION BARRIERE		100,00

- Au règlement

Journal	Date	Numéro de compte		Libellé de l'écriture	Débit	Crédit
		Général	Tiers			
BQ	02/12/18	512100		Règlement par chèque	600,00	
		411000	CLGRAY			600,00
OD ou BQ		445740 Ou 445800		Régularisation de la TVA	100,00	
		445712				100,00

- La requête clients ayant un retard de paiement

```
SELECT Numclts, Nomclts, Telephoneclts, Dateecheancefac, Numfac, Montantfac
FROM CLIENT, FACTURE
WHERE CLIENT.Numclts = FACTURE.#Numclts
AND date()>Dateecheancefac
AND Facreglee = "non"
```

Ne pas pénaliser si absence de point virgule pour terminer la requête et absence de dièse.
Tolérer SELECT CLIENT.* à condition qu'apparaissent Dateecheancefac, Numfac, Montantfac.

Mission 2 : Gestion fiscale

CADRE A

Opérations imposables		
prestations de services du mois de décembre encaissées	on retient le solde créditeur du compte 7061	34 591,67
vente de produits du mois de décembre	on retient le solde créditeur du compte 70722	19 855,00
		54 446,67
	arrondi à	**54 447,00**
les Acquisitions intracommunautaires sont des opérations imposables.		
	compte: 60712	10 957,36
	arrondi à	**10 957,00**
aucune opération non imposable n'est réalisée		

CADRE B

TAXE BRUTE DUE		
la totalité des opérations est soumise à la TVA à 20%		
	ventes et prestations	54 447
	acquisitions intracommunautaires imposables	10 957
	base de calcul de la TVA à 20%	65 404
TAXE BRUTE DUE	base * 20% arrondi à l'€	13 081
la déclaration fait apparaître distinctement la TVA due intracommunautaire: 10 957*20%		2 191

TVA Déductible *sur immobilisations*

		base	TVA
biens constituant des immobilisations	base 1 420	1 420,00	**284,00**

TVA Déductible *sur autres biens et services*

		base	TVA
achats de biens TVA sur les débits - TVA déductible à la facturation	solde des comptes 60	18 272,11	3 654,42
achats de services sans option pour les débits TVA déductible au règlement	fournisseurs au régime des encaissements- prestations réglées	130,80	26,16
fournisseurs ayant opté pour les débits TVA déductible à la facturation	totalité des prestations des fournisseurs au régime des débits	316,49+270,61 587,10	117,42
une partie des prestations ne sont pas soumises à TVA	non soumis)		
	TOTAL DE LA TVA DEDUCTIBLE sur biens et services DE LA PERIODE (conforme à la déclaration)		**3 798,00**

TVA nette due

TVA due car TVA collectée > TVA déductible Cohérence des montants			
TVA collectée – TVA déductible	13 081 – 4 082		8 999,00

Pour la qualité des justifications, sont attendus :
- → Une présentation structurée
- → Une justification par les règles fiscales suivantes :
  - L'entreprise n'ayant pas opté pour les débits, l'exigibilité sur les prestations de service a lieu lors de l'encaissement ;
  - Les acquisitions intracommunautaires donnent lieu à exigibilité de TVA (TVA intracommunautaire due) et à TVA déductible ;
  - Les achats de prestations de service auprès des fournisseurs n'ayant pas opté pour les débits sont pris en compte pour les montants décaissés.

Mission 3 : Gestion Sociale

MISSION 3-A : Heures supplémentaires et droit à repos

Heures supplémentaires

- Justification du calcul des heures travaillées mensuelles mentionnées dans le contrat de travail et inscrites en pied de bulletin de salaire (164,67) :

L'horaire de travail des salariés est fixé à 38h hebdomadaires dans l'institut, chaque salarié réalise donc en moyenne : 38 x 52/12 = 164,67 heures par mois au lieu des 151,67 heures.
Le calcul suivant : (151.67/35h) x 38h sans explications est à valoriser en partie.
Le calcul suivant : (151.67/35h) x 38h avec explications est à valoriser pleinement.

- Justification de la ligne heures supplémentaires

-> Base
Le bulletin fait apparaître 13 heures supplémentaires rémunérées à un taux majoré de 25% correspondant à la durée légale soit 13 heures supplémentaires par mois.
Sur la base de 38h hebdomadaires, chaque salarié effectue 3h supplémentaires par semaine ramenées à 13 heures par mois (3 x 52 / 12).
Admettre : 164,67 – 151,67 avec explications.

-> Taux salarial
Jusqu'à 8h supplémentaires dans la semaine le taux de rémunération est majoré de 25% selon la convention collective.
Les heures supplémentaires effectuées par Mme MIRANDA relèvent donc bien d'un taux de rémunération majoré de 25% : 9,956 € x 1,25 = 12,445 €

Droit à repos

- Contrepartie obligatoire en repos

Selon la convention collective, les heures supplémentaires accomplies au-delà du contingent annuel, fixé à 200 heures, donnent lieu à une contrepartie obligatoire en repos.

Mme Miranda a réalisé 1 735h en tout entre le mois de janvier 2018 et le mois d'octobre (voir pied de bulletin).
La durée légale du travail sur cette période est de 151,67 * 10 (de janvier à octobre) = 1 516,70 heures.
Heures supplémentaires annuelles effectuées : 1 735 - 1 516,7 = 218,3 heures supplémentaires.
Soit 18,3 heures au-delà du contingent fixé conventionnellement à 200h.

Donc elle dispose d'une contrepartie obligatoire en repos de 18,3 * 50% = 9,15 h car l'institut compte moins de 20 salariés.

- Modalités

Elle a acquis plus de 7h de contrepartie obligatoire en repos et peut exercer son droit (droit ouvert).
L'employeur doit lui permettre de prendre son repos dans les deux mois de l'ouverture du droit.
Elle doit en être informée par une annexe à son bulletin de paie.

MISSION 3-B : Frais professionnels

De assistantcannes@groupetrial.fr
A *falco@ausoindesoie.fr*
Objet : demande concernant les frais professionnels de Mme MIRANDA
Date : 11 /12/ 2018
Bonjour Mme Falco, Suite à votre demande de renseignements, j'ai étudié les informations concernant les frais professionnels dans le cadre des prestations réalisées à l'extérieur de l'institut : 1) Calcul des frais de déplacement mensuels moyens - Indemnités kilométriques : Nombre de kms annuel : 3 prestations * 46 semaines*12 km * 2 (aller/retour) = 3 312 kms Barème pour véhicule 5 CV et nombre de kms annuel < 5 000 : 3 312 * 0,543 = 1 798,42 € par an Soit en moyenne : 1 798,42 /11 mois = 163,49 € - Repas Repas montant annuel : 3*46 * 9,10 (pas de restaurant) = 1 255,8 € Moyenne mensuelle : 1 255,80 / 11 soit 114,16 € Soit un montant total mensuel de = 163,49 + 114,16 = 277,65 € 2) Conséquences de ce remboursement sur le bulletin de paie Ces frais ne sont pas soumis à cotisations sociales. Ils viendront augmenter le salaire net à payer à Mme MIRANDA avec l'apparition d'une ligne supplémentaire en pied de bulletin de salaire. Restant à votre disposition Cordialement Assistant

Mission 4 : Travaux d'inventaire

❖ Régularisation de l'opération en devises sur le fournisseur STAR DESIGN

Journal	Date	Numéro de compte		Libellé de l'écriture	Débit	Crédit
		Général	Tiers			
OD	31/12/18	476000		Variation du taux de change	22,32	
		404000	FR3STA	(0,88120-0,87209)*2 450 CHF		22,32

On va trouver : 2 450 x 0.8812 = 2 158,94 et 2 450 x 0.87209 = 2 136,62 puis 2 158,94 – 2 136,62

Journal	Date	Numéro de compte		Libellé de l'écriture	Débit	Crédit
		Général	Tiers			
OD	31/12/18	681500 ou 686500		Provision pour perte de change	22,32	
		151500				22,32

❖ Régularisation de la facture de l'expert-comptable

OD	31/12/18	486000		Régularisation Facture Expert comptable n°92840 400 *15/60 (deux mois du 15 novembre au 15 janvier)	100,00	
		622600 ou 622000				100,00

❖ Régularisation de l'amortissement

- Prise en compte de la valeur résiduelle pour le calcul de l'amortissement économique.
Première dotation 2018 : [12 769,14 - 3 000) / 5] * 30/360 = 162,82 €.
Ajustement de la dotation générée par le PGI : 162,82 – 212,82 = 50,00 € -> il faut diminuer l'amort économique.

- Base de l'amortissement économique différente de celle de l'amortissement fiscal : cela fait apparaitre un amortissement dérogatoire.
Amortissement fiscal : 212,82
Amortissement dérogatoire : 212,82 – 162,82 = 50,00 € -> il faut constater l'amort dérogatoire.

Journal	Date	Numéro de compte		Libellé de l'écriture	Débit	Crédit
		Général	Tiers			
OD	31/12/18	681100		D'après tableau d'amortissement corrigé		50,00
		281510			50,00	
OD	31/12/18	687000 ou 687250		D'après tableau d'amortissement corrigé	50,00	
		145000				50,00

Admettre : 281510 à 681100 pour 212,82 puis 681100 à 281510 pour 162,82
Admettre : 281540 au lieu de 281510

❖ Régularisation des stocks

Journal	Date	Numéro de compte		Libellé de l'écriture	Débit	Crédit
		Général	Tiers			
OD	31/12/18	322400		Annulation du SI		2 898,00
		371200				3 671,00
		603200		ou 603224	2 898,00	
		603700		ou 603712	3 671,00	

Journal	Date	Numéro de compte		Libellé de l'écriture	Débit	Crédit
		Général	Tiers			
OD	31/12/18	322400		Constatation du SF	2 554,50	
		371200		2 554,50 = 1 710 + 844,50	4 032,00	
		603200		ou 603224		2 554,50
		603700		ou 603712		4 032,00

➔ Accepter toute justification pertinente des écritures (image fidèle, principe de prudence, principe d'indépendance des exercices, principe de continuité de l'exploitation, respect des règles fiscales…)

BREVET DE TECHNICIEN SUPÉRIEUR
COMPTABILITÉ ET GESTION

ÉPREUVE U41

ÉTUDE DE CAS

SESSION 2019

———

Durée : 4 heures

Coefficient 6

———

Matériel autorisé :
Calculatrice selon Circulaire n° 2015-178 du 1-10-2015 (BOEN n°42 du 12 novembre 2015) relative à l'utilisation des calculatrices électroniques pour les DCG, DSCG, DEC et BTS, à compter de la session 2018.

Document autorisé :
Liste des comptes du plan comptable général, à l'exclusion de toute autre information.

Dès que le sujet vous est remis, assurez-vous qu'il est complet.
Le sujet comporte 21 pages, numérotées de 1/21 à 21/21.

CG41ETC

BREVET DE TECHNICIEN SUPÉRIEUR
COMPTABILITÉ ET GESTION

ÉPREUVE E41 – Étude de cas

SUJET CHAUFF-EST

Le sujet se présente sous la forme de 4 missions indépendantes

Page de garde		p. 1
Présentation de l'entreprise		p. 2 à 4
MISSION 1 : Gestion des opérations comptables et fiscales	(40 points)	p. 5
MISSION 2 : Gestion sociale	(25 points)	p. 5
MISSION 3 : Suivi des immobilisations	(30 points)	p. 6
MISSION 4 : Projet d'affectation du résultat	(25 points)	p. 6

ANNEXES

A - Documentation comptable, financière, fiscale et sociale associée à la situation

MISSION 1 : Gestion des opérations comptables et fiscales – Annexes A1 à A3	p. 7 à 9
MISSION 2 : Gestion sociale – Annexes A4 à A6	p. 10 à 11
MISSION 3 : Suivi des immobilisations – Annexes A7 à A12	p. 12 à 14
MISSION 4 : Projet d'affectation du résultat – Annexes A13 à A15	p. 15 à 16

B - Extraits issus de la réglementation comptable, financière, fiscale et sociale en vigueur

MISSION 1 : Annexe B1 : Documentation fiscale	p. 17
MISSION 2 : Annexe B2 : Documentation sociale	p. 18 à 19
MISSION 4 : Annexe B3 : Documentation comptable	p. 19

C – Annexes à rendre avec la copie

MISSION 4 : Annexe C1 et Annexe C2	p. 20 et 21

Il vous est demandé d'apporter un soin particulier à la présentation de votre copie. Toute information calculée devra être justifiée et les démarches devront être clairement décrites.
Les enregistrements comptables devront être présentés de façon structurée et indiquer les informations suivantes :
- Pour l'ensemble de l'opération : la date, le code journal et le libellé de l'opération,
- Pour chaque ligne de l'opération : le N° de compte général, le N° de compte de tiers (le cas échéant) et le montant "débit" ou "crédit".

AVERTISSEMENT
Si le texte du sujet, de ses questions ou de ses annexes, vous conduit à formuler une ou plusieurs hypothèses, il vous est demandé de la (ou les) mentionner explicitement dans votre copie.

Présentation générale de l'entreprise

En 2003, Claude Wernert, artisan électricien et installateur sanitaire est à l'origine de la création de Chauff-Est. Il a anticipé l'évolution de la demande en matière de développement durable et de rénovation thermique des bâtiments.

Basée à Colmar dans le département du Haut-Rhin, Chauff-Est est une société par actions simplifiée (SAS) spécialisée dans l'installation, l'entretien et la réparation d'équipements thermiques et de climatisation. Le capital social est entièrement libéré et s'élève à 200 000 € (actions de nominal 100 €).

La croissance et le développement de la société ont été facilités par l'ouverture du capital à la SAS Energie, société d'investissement dédiée au développement des énergies renouvelables sur la région Alsace et depuis 2016 sur la région Grand-Est.

C. Wernert est président de Chauff-Est et est secondé par Dominique Chardori, directrice générale.

Sur un marché en pleine croissance, l'entreprise est devenue un spécialiste reconnu pour son sérieux et son expertise. Elle a réalisé en 2016 un chiffre d'affaires de près de 7 millions d'euros.

La clientèle est variée et constituée de promoteurs immobiliers, de bailleurs sociaux (HLM), d'entreprises, de collectivités locales et dans une moindre mesure de particuliers.

L'activité est actuellement répartie sur trois sites : le siège social à Colmar et deux sites opérationnels techniques à Strasbourg et Mulhouse.

Effectif	36 salariés
Répartition du capital	51% C. Wernert, 40 % SAS Energie, 9 % D. Chardori Le capital est entièrement libéré
Date de clôture de l'exercice comptable	31 décembre de chaque année
Régime fiscal	Régime du réel normal
Imposition des bénéfices	Impôt sur les sociétés
TVA applicable	Taux de TVA applicable selon la nature des travaux facturés (20 %, 10% ou 5,5%) L'entreprise n'a pas opté pour la TVA sur les débits
Numéro TVA intracommunautaire	FR68428856581

Début décembre 2017, l'assistante comptable est en congé maternité. Le responsable comptable, B. Roquais, vous a contacté afin de la remplacer pour une période de 4 mois. Vous êtes familier de la culture et des procédures de l'entreprise qui vous a accueilli à deux reprises en tant que stagiaire dans le cadre de vos études.

Vous disposez de l'adresse email suivante : servicecomptable@chauffest.fr (NB : dans toute correspondance, afin de respecter l'anonymat de votre copie, vous vous identifierez en tant que "la comptable" ou "le comptable").

Organisation du système d'information comptable

Ressources informatiques

Depuis septembre 2017, Chauff-Est expérimente le PGI « SAASPID » en s'abonnant à une application externalisée auprès d'un prestataire, accessible via le réseau internet, sans contraintes d'installation ni de maintenance informatique. Cette solution, définitivement adoptée en novembre 2017, a nécessité la réorganisation du réseau informatique.

Les modules exploités du PGI « SAASPID » sont les suivants :

- *Le module « gestion commerciale »* assure la facturation des clients et le transfert dans la comptabilité. Les règlements et les acomptes sont également gérés par ce module.
  Certaines factures d'intervention destinées à quelques bailleurs sociaux nécessitent un formalisme particulier que SAASPID n'est pas en mesure de générer pour l'instant : leur enregistrement comptable n'est donc pas encore automatisé.
  Les factures d'achats et les frais généraux sont comptabilisés directement dans le module comptable sans passer par le module de gestion commerciale.
- *Le module « comptable »* centralise tous les enregistrements comptables et permet diverses éditions et traitements, y compris la liasse fiscale.
- *Le module « paie »* permet de gérer les fiches des salariés, d'établir et d'éditer les bulletins de paie, de réaliser les déclarations de charges sociales, de procéder au règlement des salaires et des charges sociales et d'intégrer les écritures de paie dans le module comptabilité.
- *Le module « immobilisations »* permet, entre autres, de gérer les immobilisations par fiche, de générer les tableaux d'amortissements et les enregistrements comptables.

En complément, le logiciel « E-BAT » permet de gérer le processus des travaux, le suivi des chantiers et d'effectuer le calcul de certains devis souvent très complexes pour être exploités directement dans le PGI.

Journaux utilisés

Code	Nom
AC	Achats (biens, services)
BQ	Banque
VE	Ventes
IM	Immobilisations
CA	Caisse
OD	Opérations Diverses – TVA – Salaires

Extrait du plan des comptes tiers

Clients	
Code	Libellé
…..	…..
4111OPU	Opus67
4111SCI	SCI Wilm
4112REG	Region Grand Est
4112DEP	Conseil général 67
…	…
411DIV	Clients divers

Fournisseurs	
Code	Libellé
…	….
401AST	Groupe Astaldo
401DIE	De Dietrich Thermique
401VIE	Viessmann
401TOT	Total
…	…
401DIV	Fournisseurs divers
…	.,.
404ADA	Adam SARL

Plan comptable de l'entreprise

L'entreprise Chauff-Est utilise les comptes du Plan Comptable Général (comptes à 6 chiffres) ainsi que les comptes spécifiques suivants :

Compte	Intitulé
	…………
411100	Clients - logements collectifs
411200	Clients - collectivités et Etat
411300	Clients - entreprises
411400	Clients - particuliers
	…………
445620	État, TVA déductible sur immob.
445661	État, TVA déductible sur ABS à 20%
445662	État, TVA déductible sur ABS à 10%
445665	État, TVA déductible sur carburants
445711	État, TVA collectée à 20%
445712	État, TVA collectée à 10%
445713	État, TVA collectée à 5,50%
445800	État, TVA à régulariser
	…………

Compte	Intitulé
	…………
601001	Achats d'équipements à installer
601002	Achats tuyauterie cuivre
601003	Achats tuyauterie PVC
601003	Achats composants électriques
	…………
606100	Achats de fournitures – chantiers
606105	Achats de carburants
	…………
704001	Travaux d'entretien
704002	Travaux dépannages
704003	Travaux d'installation
704004	Études et projets
	…………

Extrait des procédures et options comptables en vigueur chez Chauff-Est :

Certains traitements comptables peuvent faire l'objet de méthodes ou d'options particulières.
Chauff-Est a fait les choix suivants :

TVA sur les encaissements relatifs aux travaux	
Encaissements : - des acomptes et des avances - du solde des factures	*Comptabilisation du montant TTC*
Lors de la facturation des travaux	*Inscription du montant total de la TVA au crédit du compte 445800*
Avant le 10 de chaque mois, préparation de la déclaration de TVA	*Détermination de la TVA exigible à partir des encaissements.* *Régularisation par inscription au débit du compte 445800 avec ventilation dans un crédit des comptes de TVA collectée correspondant aux taux appliqués.*

Choix et organisation comptable	
Frais accessoires sur les achats de matières et de fournitures	*Comptabilisés dans les comptes de charges par nature*
Date de comptabilisation des factures d'achat	*A la date de réception*

MISSION 1 : GESTION DES OPÉRATIONS COMPTABLES ET FISCALES	Annexes A1 à A3 Annexe B1

Mission 1A : Traitement des opérations commerciales

Avant son départ, l'assistante comptable a laissé sur son bureau trois factures annotées qu'elle n'a pas eu le temps de comptabiliser.

Vous devez
- *Procéder à l'enregistrement comptable des documents en attente.*

Mission 1B : Travaux préparatoires relatifs à la TVA de novembre

Avant d'établir la déclaration de TVA relatives aux opérations du mois de novembre, un certain nombre de travaux préparatoires sont à effectuer. L'assistante comptable n'a pas eu le temps de les terminer.

Chauff-Est relevant de la TVA sur les encaissements, il reste à solder le compte de TVA à régulariser afin de mouvementer les comptes de TVA collectée. Par ailleurs, le montant de la TVA déductible sur carburants comptabilisé dans le compte 445665 nécessite d'être vérifié.

Vous devez :
- *Calculer le montant de la TVA collectée au titre du mois de novembre.*
- *Procéder à la régularisation comptable selon les procédures en vigueur chez Chauff-Est.*
- *Justifier que le montant de TVA déductible sur carburants correspond bien à la réglementation fiscale en vigueur.*

MISSION 2 : GESTION SOCIALE	Annexes A4 à A6 Annexe B2

Le développement de l'entreprise Chauff-Est a nécessité l'embauche d'un ouvrier sur le site de Mulhouse le 1er novembre 2017.

Récemment embauché, M. Dijean s'interroge sur son premier bulletin de salaire. Il a envoyé un message électronique au service comptable pour avoir des réponses à ses questions.

À l'aide de la documentation sociale, vous devez
- *Répondre par mail aux questions de M. Dijean.*

MISSION 3 : SUIVI DES IMMOBILISATIONS	Annexes A7 à A12

Mission 3A : Gestion du parc de véhicules

Chauff-Est dispose de camionnettes et de fourgons de différentes tailles, aménagés pour les interventions sur chantiers. Ces véhicules utilitaires sont inscrits au bilan pour leur coût d'acquisition, y compris leur aménagement.

Un nouveau fourgon Peugeot a été acquis le 15/12/2017 pour le site de Mulhouse. B. Roquais, le responsable comptable a déjà comptabilisé la facture et créé la fiche immobilisation.
Le véhicule a été ensuite confié à un prestataire, ADAM SARL, pour son aménagement intérieur, il sera mis en service dès la fin de ces travaux.

Vous devez :
- *Procéder à l'enregistrement comptable du document émis par ADAM SARL,*
- *Indiquer, en justifiant sur votre copie, les éventuelles modifications à apporter dans le PGI sur la fiche immobilisation du fourgon PEUGEOT.*

Mission 3B : Gestion des ressources informatiques

Chauff-Est a récemment fait évoluer l'ensemble du système d'information vers davantage de souplesse, de connectivité et d'efficience. Cela s'est traduit par l'abandon de certaines ressources informatiques et une reconfiguration du réseau.

Vous devez
- *Traiter les demandes de B. Roquais indiquées dans son message électronique.*

MISSION 4 : PROJET D'AFFECTATION DU RÉSULTAT	Annexes A13 à A15 Annexe B3 Annexe C1 (à rendre avec la copie) Annexe C2 (à rendre avec la copie)

Chauff-Est envisage l'ouverture d'une agence à Nancy, spécialisée dans l'entretien et la mise aux normes des chauffages collectifs. Ce projet doit se concrétiser dans l'année 2018. Pour ce projet d'implantation à Nancy, la société souhaite impérativement privilégier l'autofinancement.

D. Chardori prépare les travaux de l'assemblée générale ordinaire annuelle. Elle vous a envoyé un message électronique pour l'assister sur ce dossier.

Vous devez :
- *Proposer une affectation du résultat 2017 en complétant la feuille de travail – Projet d'affectation du résultat 2017 ;*
- *Terminer l'algorithme permettant de calculer la dotation à la réserve légale.*

Annexe A1 – Documents en attente d'enregistrement comptable

CHAUFF-EST SAS
25, Rue Ampère
ZI Nord
68000 Colmar

Facture « bailleur social » générée par le module de gestion commerciale. Pas de transfert dans le module comptable.

Office Public de l'Habitat du Bas-Rhin
OPUS 67
15 rue Jacob Mayer
67037 STRASBOURG Cedex

N° TVA FR68428856581

FACTURE N° 2017-3252

Date de facture : 04/12/2017

Nature des travaux réalisés			Montant HT
Adresse de l'immeuble : 20, Vieux Chemin de Bergheim 67600 Sélestat Votre référence de demande d'intervention : n° 125 du 01/12/2017 Nature de l'intervention : dépannage sur chaudière collective au gaz. Forfait remplacement sonde, essais, nettoyage du corps de chauffe			455,00
Intervention tarif C	**Hors taxes**	**TVA 20%**	**TOTAL TTC**
	455,00	91,00	546,00

Règlement sous 30 jours fin de mois le 31/01/2018

DE DIETRICH THERMIQUE
57 rue de la Gare
F - 67580 MERTZWILLER
FRANCE
N° TVA FR62 344344908

Reçu le 06/12/2017

Consulter la procédure comptable de l'entreprise pour le traitement des frais de transport.

CHAUFF-EST SAS
25, Rue Ampère
ZI Nord
68000 COLMAR

Date 04/12/2017   FACTURE N° 2025CVB

	Quantité	PUHT	Montant HT
Pompe à chaleur SHP V-B 200 GHL	3	7 302,00	21 906,00
Offre commerciale déstockage 2017 -20 %			- 4 381,20
Net			17 524,80
Participation aux frais de transport et de manutention			250,00
	Base HT	**TVA**	**TTC**
	17 774,80	3 554,96	21 329,76
		Net à payer	**21 329,76**

Sous 30 jours fin de mois au 31/01/2018

Groupe ASTALDO
Parc d'activités
67960 ENTZHEIM
FRANCE

N° TVA : FR56399422522

A enregistrer en charge de location.

Reçu le 06/12/2017

CHAUFF-EST SAS
25, Rue Ampère
ZI Nord
68000 COLMAR

Client : 452CE51

FACTURE N°2017140

Date de facture :
01/12/2017

Votre période d'essai gratuite vient d'arriver à échéance.
Nous vous remercions d'avoir opté pour un engagement de 12 mois à compter du 01/12/2017

Code	Prestation	Montant HT
PA00-ABO-15	Abonnement annuel PGI SAASPID version Premium Forfait 15 comptes utilisateurs Période du 01/12/2017 au 30/11/2018	5 300,00 €

	Base taxable	TVA à 20%	TOTAL TTC
	5 300,00 €	1 060,00 €	6 360,00 €

Prélèvement bancaire : le 07/12/2017
TVA acquittée d'après les débits

Annexe A2 – Extractions du PGI

Requête : cumul et ventilation des règlements des clients par taux de TVA des travaux			
Période du 1/11/2017 au 30/11/2017			
Regroupement comptes	Taux normal 20%	Taux intermédiaire 10%	Taux réduit 5,5%
411100	15 852,60	8 530,32	6 852,33
411200	46 685,17	22 712,69	3 522,51
411300	35 728,57		
411400		3 468,23	4 758,58
419100	13 750,00	22 300,00	
Total des encaissements	**112 016,34**	**57 011,24**	**15 133,42**

Interrogation du compte 445665							
Période : du 01/11/2017 au 30/11/2017							
Date	Journal	N° pièce	Libellé	Réf.	Débit	Crédit	Solde
30/11/17	AC	345/11	État, TVA déd. sur carburants	F0126654	176,25		176,25

Annexe A3 – Facture de carburants reçu au format PDF le 30/11/2017

TOTAL RAFFINAGE MARKETING
S.A. au capital de 673 778 035 autos
24 Cours Michelet 92069 Paris La Défense Cedex France
SIREN 542 034 921 RCS Nantorro
N° DE TVA: FR73542034921

Votre facture
FRANCE-N° F0126654
Péridocité : mensuelle
Original PDF

Le 30/11/2017

Pour nous joindre
TOTAL Raffinage Marketing
Cartes Pétrolières/Ventes nationales TOT003
562. Avenue du parc de l'île
92029 Nantenre Cedex - France
tél : 01 57 84 XX XX
Notre site : carte-gr.total.fr

CHAUFF-EST SAS
25, Rue Ampère
ZI Nord
68000 COLMAR

Votre référence client
N° 87123456 - K999/A999
CHAUFF-EST SAS
25, Rue Ampère
ZI Nord
N° de TVA : FR01234567890

Relevé cartes GR du 01/11/2017 au 30/11/2017

Les montants sont exprimés en EUR

Produits et services consommés		Qté	Montant HT	Taux TVA	Montant TVA	Montant TTC
	Gazole Premier	815,24	840,38	20%	168,08	1 008,46
	Essence SSP95	793,00	932,43	20%	186,49	1 118,92
Total Essences & Gazole					354,57	2 127,38
	GPL	75,75	45,77	20%	9,15	54,92
Total Autres Carburants					9,15	54,92
Total Produits et services consommés			1818,58		363,72	2 182,30

Cumul par produit et par type de véhicule *Veuillez vous connecter à votre espace carte-gr.total.fr pour d'autres ventilations*

Gazole - Véhicule utilitaire de moins de 3,5 tonnes		696,06	20%	139,21	835,27
Gazole - Voiture particulière		144,32	20%	28,86	173,18
Essence - Véhicule utilitaire de moins de 3,5 tonnes		692,56	20%	138,51	831,07
Essence - Voiture particulière		239,87	20%	47,97	287,84
GPL - Voiture particulière		45,77	20%	9,15	54,92

	Montant HT	Montant TVA	Montant TTC
TOTAL Général	1 818,58	363,72	2 182,30

Vous avez opté pour le prélèvement automatique sur votre compte le 30/11/2017

Annexe A4 – Message électronique de M. Dijean

De : m.dijean@gmail.com	**À :** servicecomptable@chauffest.fr
Le : 07 décembre 2017	
Objet : Re : Votre bulletin de salaire de novembre 2017	

Bonjour,

Vous venez de me transmettre mon 1er bulletin de salaire.
Je me pose quelques questions à son sujet :
Concernant les heures supplémentaires, je croyais qu'à partir de la 9ème heure, celles-ci étaient majorées de 50 %, or sur mon bulletin de paie figurent 11 heures supplémentaires majorées de 25% seulement. N'y a-t-il pas une erreur ?
Je ne comprends pas pourquoi le montant du salaire net imposable est différent du net à payer. Je vais devoir déclarer aux impôts un montant supérieur à ce que je perçois ?
Enfin, j'ai deux questions d'ordre juridique :
- Pourrais-je prendre des congés à Noël ?
- Je n'ai pas passé de visite médicale : est-ce normal ?

Je vous remercie pour vos réponses.
Cordialement.

Annexe A5 – Planning horaire de M. Dijean – novembre 2017

Planning Novembre 2017 - Michel DIJEAN					
	Lundi	Mardi	Mercredi	Jeudi	Vendredi
30 octobre - 03 novembre	30-oct	31-oct	01-nov 7 h	02-nov 7 h	03-nov 7 h
06 novembre - 10 novembre	06-nov 7 h	07-nov 9 h	08-nov 8 h	09-nov 8 h	10-nov 8 h
13 novembre - 17 novembre	13-nov 7 h	14-nov 7 h	15-nov 9 h	16-nov 9 h	17-nov 7 h
20 novembre - 24 novembre	20-nov 7 h	21-nov 8 h	22-nov 8 h	23-nov 7 h	24-nov 7 h
27 novembre - 1er décembre	27-nov 7 h	28-nov 7 h	29-nov 7 h	30-nov 7 h	01-déc

Annexe A6 – Bulletin de paie de M Dijean - novembre 2017

CHAUFF-EST SAS
25, Rue Ampère
ZI Nord
68000 Colmar

URSSAF Strasbourg 378000005012548623

BULLETIN DE PAYE

Période du **01/11/2017** au **30/11/2017**
Date de paiement : 30/11/2017
Mode de paiement : Virement

Emploi : Ouvrier
Date d'ancienneté : 01/11/2017 - Date d'entrée : 01/11/2017
N° Sécurité sociale : 194026808911575

DIJEAN MICHEL
20 rue des Tulipes
68000 COLMAR

Convention collective nationale des ouvriers employés par les entreprises du bâtiment occupant plus de 10 salariés

Libellé	Base	Taux	A déduire	Montant	Charges patronales Taux	Charges patronales Montant
Salaire de base	151,67	10,25		1 554,62		
Heures supplémentaires à 125%	11,00	12,81		140,94		
Salaire brut	**162,67**	**10,42**		**1 695,56**		
Assurance maladie	1 695,56	0,750	12,72		12,890	218,56
Solidarité autonomie	1 695,56				0,300	5,09
Assurance vieillesse plafonnée	1 695,56	6,900	116,99		8,550	144,97
Assurance vieillesse	1 695,56	0,400	6,78		1,900	32,22
Allocations familiales	1 695,56				3,450	58,50
Aide logement (+ 20 salariés)	1 695,56				0,500	8,48
Pénibilité - cotisation de base	1 695,56				0,010	0,17
Réduction générale de cotisations						- 138,49
Taxe transport	1 695,56				2,600	44,08
AGS	1 695,56				0,150	2,54
Contribution au dialogue social	1 695,56				0,016	0,27
Chômage	1 695,56	2,400	40,69		4,050	68,67
PROBTP Retraite non-cadres T1	1 695,56	3,100	52,56		4,650	78,84
PROBTP AGFF non-cadres T1	1 695,56	0,800	13,56		1,200	20,35
Frais de santé mutuelle			30,00			30,00
CSG déductible	1 695,88	5,100	86,49			-
CSG non déductible	1 695,88	2,400	40,70			-
CRDS	1 695,88	0,500	8,48			-
Taxe d'apprentissage	1 695,56				0,680	11,53
FPC (à partir de 20 sal.)	1 695,56				1,000	16,96
Effort construction	1 695,56				0,450	7,63
Total cotisations			**408,97**			**610,37**
Salaire net imposable				**1 365,77**		

Cumuls

Brut	Heures travaillées	Net imposable	Charges salariales	Charges patronales
1 695,56	162,67	1 365,77	408,97	610,37

Net à payer

1 286,59

	CP N-1	CP N	RTT N-1	RTT N	Repos comp.
J. acquis		2,50			
J. pris					
Solde		2,50			

Pour vous aider à faire valoir vos droits, conservez ce bulletin de salaire sans limitation de durée.

Annexe A7 – Capture d'écran de la fiche immobilisation du fourgon non équipé

Code immobilisation	FOURGON_11
Descriptif	Camionnette Peugeot Boxer EL-841-QS
N° de pièce	
Quantité	1

N° de compte	218200	Libellé	Matériel de transport
Fournisseur	FRS_PEUGEOT	Nom	Peugeot Concessionnaire Colmar
Site	SITE 03	Libellé	Mulhouse
Localisation	Sélectionnez	Libellé	
Acheteur	Sélectionnez	Nom	

FOURGON_11

Type d'amortissement	Linéaire sur 360 jours				
Durée d'amortissement	5 ans	Taux	20,00	Date de fin	14/12/2022
Date d'achat	15/12/2017	Début de l'amortissement	15/12/2017	Base fiscale	40 600,00
Valeur d'achat	40 600,00	Valeur à amortir	40 600,00		

Annexe A8 – Document à comptabiliser avec commentaire de B. Roquais

ADAM SARL
Partenaire Modul-System
20 route de Kintzheim
67600 SELESTAT

N° TVA : FR 52353695478
TVA acquittée sur les débits
Votre référence client : 25152A-2010
Date de facture : 20/12/2017

Reçu le 20/12/2017 à réception du véhicule

La référence de l'aménagement pour les utilitaires de pros !

CHAUFF-EST SAS
25, Rue Ampère
ZI Nord
68000 COLMAR

FACTURE N°MDLS-3585-18

Nature des travaux			Montant
Aménagement selon devis 3585 d'un fourgon Peugeot BOXER immatriculé EL-841-QS. Kilométrage au compteur : 18 km. Kit plancher antidérapant et habillage bois cloisons intérieures Kit modulaire « Modul-System » tiroirs, casiers et rangements métal ISO9001 Fourniture et installation de l'ensemble :			4 400,00
	Hors taxes	TVA 20%	TOTAL TTC
règlement sous 15 jours le 2/01/2018	4 400,00	880,00	5 280,00

La société a toujours considéré la valeur résiduelle des utilitaires comme nulle et la durée de vie de leurs agencements identique à celle du véhicule. – B. Roquais –

Annexe A9 – Message électronique de B. Roquais

De : b.roquais@chauffest.fr	**À :** servicecomptable@chauffest.fr
Le : 18 décembre 2017	
Objet : Dossier relatif aux ressources informatiques	

Bonjour,

Je dois m'absenter toute la journée, j'ai besoin de votre aide pour avancer sur certains dossiers.

Vous trouverez ci-dessous les informations nécessaires pour terminer le traitement de la vente des serveurs et de la mise au rebut des logiciels.

- Le gérant d'AutoPièces68 (notre voisin) est preneur de nos deux anciens serveurs à présent inutiles et encombrants : il pense pouvoir les réutiliser comme postes de travail secondaires. Nous venons de convenir d'un prix global de 500 €. J'ai préparé la facture que vous trouverez sur mon bureau. Les deux appareils seront enlevés demain matin contre paiement comptant.
- En revanche, nous avons deux logiciels, ERP-STAR et BATIPRO, qui sont invendables. Il faut les considérer comme obsolètes.

Merci de procéder à tous les traitements comptables nécessaires y compris les écritures d'inventaire. Cela nous fera gagner un peu de temps lors des opérations de clôture des comptes.

Bien cordialement,

B. Roquais

Annexe A10 – Facture de cession des serveurs

CHAUFF-EST SAS
25, Rue Ampère
ZI Nord
68000 Colmar
N° TVA FR68428856581

AutoPièces68
27, rue Ampère
68000 Colmar

Date de facture :
18/12/2017   FACTURE N° 251435

Nature de l'opération	Montant HT
Lot de deux PC serveurs informatiques d'occasion, disques durs formatés : - HP Pavillion (2 disques durs de 500 Go) modèle acquis en 2011 - Dell Active (1 disque dur 500 Go) modèle acquis en 2013 Matériel cédé et à enlever en l'état, sans garantie	500,00

Hors taxes	TVA 20%	TOTAL TTC
500,00	100,00	600,00

Chèque à l'enlèvement des biens.

Annexe A11 – Extraction du PGI : liste des immobilisations (avant inventaire)

SAASPID   Société : Chauff-Est   Utilisateur : b.roquais

Fiches immobilisations   Période du 01/01/2017 Au 18/12/2017

Code immo.	Descriptif	Date d'achat	Valeur d'achat HT	Amortissements antérieurs	Dotation période	Valeur nette
205001	**Licences des logiciels dissociés**					
ERP-STAR	PGI ERP-STAR modules de gestion	15/11/2011	4 200,00	4 200,00	0,00	0,00
BATIPRO	BATIPRO Gestion et suivi des chantiers	13/01/2012	3 650,00	3 650,00	0,00	0,00
218302	**Matériels de bureau et informatiques – Serveurs dédiés**					
SVR1_BATIPRO	Serveur HP Pavillion dédié au progiciel BATIPRO	13/09/2011	2 750,00	2 750,00	0,00	0,00
SVR2_ERPSTAR	Serveur Dell active dédié au PGI ERP-STAR	15/11/2013	2 990,00	1 868,75	0,00	1 121,25
SVR3_NAS	Serveur dédié sauvegardes	01/11/2014	2 099,00	909,56	0,00	1 189,44
SVR4_CAO	Serveur dédié CAO	01/09/2015	2 150,00	716,66	0,00	1 433,34

Annexe A12 – Extraits des fiches immobilisations des deux serveurs à céder

SVR1_BATIPRO

Type d'amortissement	Linéaire sur 360 jours				
Durée d'amortissement	5 ans	Taux	20,00	Date de fin	12/09/2016
Date d'achat	13/09/2011	Début de l'amortissement	13/09/2011	Base fiscale	2 750,00
Valeur d'achat	2 750,00	Valeur à amortir	2 750,00		

SVR2_ERPSTAR

Type d'amortissement	Linéaire sur 360 jours				
Durée d'amortissement	5 ans	Taux	20,00	Date de fin	14/11/2018
Date d'achat	15/11/2013	Début de l'amortissement	15/11/2013	Base fiscale	2 990,00
Valeur d'achat	2 990,00	Valeur à amortir	2 990,00		

Annexe A13 – Extrait du courriel de Dominique Chardori

De : d.chardori@chauffest.fr	A : servicecomptable@chauffest.fr
Le : 5 mars 2018	
Objet : Projet d'affectation du résultat 2017	
PJ : extrait balance classe 1 ; extrait statuts ; feuille de travail – projet d'affectation résultat 2017	

Je prépare l'assemblée générale ordinaire annuelle statuant sur les comptes de l'exercice 2017. Je souhaiterais que vous travailliez sur le projet d'affectation du résultat 2017 en renseignant la feuille de travail que nous utilisons actuellement.

Nous voulons affecter au maximum le résultat à la réserve facultative (arrondi au millier d'euros inférieur) et ne proposer cette année aucun superdividende. Nous avons en effet besoin d'un maximum d'autofinancement pour l'implantation de la nouvelle agence de Nancy.

J'en profite pour vous demander d'automatiser sur tableur les calculs relatifs à l'affectation des résultats. Je souhaite ne plus avoir à utiliser la feuille de travail. Un stagiaire précédent a tenté de développer une fonction permettant le calcul de la dotation à la réserve légale. J'ai retrouvé son projet d'algorithme, merci de le terminer.

Bien cordialement,

D. Chardori

Annexe A14 – Extrait de la balance avant répartition au 31/12/2017

Société : Chauff-Est		Utilisateur : b. roquais		Edité le : 05/03/2018	
Balance partielle du compte 1* au compte 1*					
Du : 01/01/2017 Au 31/12/2017					
N° de compte	*Libellé*	*Débit*	*Crédit*	*Solde débit*	*Solde crédit*
101000	Capital		200 000,00		200 000,00
106100	Réserve légale		20 000,00		20 000,00
106300	Réserve statutaire		130 230,00		130 230,00
106800	Réserve facultative		156 000,00		156 000,00
110000	Report à nouveau créditeur		2 406,23		2 406,23
120000	Résultat de l'exercice		216 656,45		216 656,45
Total Classe 1			725 292,68		725 292,68
Total Balance			725 292,68		725 292,68
Solde Balance					**725 292,68**

Annexe A15 – Extrait des statuts de la société Chauff-Est

Article 4 : Capital social
Le capital social est fixé à 200 000 € euros, divisé en 2 000 actions de 100 € euros de même catégorie, numérotées de 1 à 2 000 attribuées aux associés en proportion de leurs apports […].

Article 6 : Durée de l'exercice social
Chaque exercice social a une durée de 12 mois commençant le 1er janvier et terminant le 31 décembre.

Article 18 : Affectation des résultats

Le compte de résultat récapitule les produits et les charges de l'exercice. […]
Sur ce bénéfice, diminué le cas échéant des pertes antérieures, il est d'abord prélevé :
- 5% au moins pour constituer la réserve légale. Ce prélèvement cesse d'être obligatoire lorsque le fond de réserve légale aura atteint le dixième du capital social,
- toutes sommes apportées en réserve en application de la loi,
- 10% au titre de la réserve statutaire.

Le solde augmenté du report à nouveau créditeur constitue le bénéfice distribuable.
Après approbation des comptes et constatation de l'existence d'un bénéfice distribuable, il sera attribué aux associés, à titre de premier dividende, un intérêt statutaire égal à 5 % du montant des actions libérées.

L'assemblée générale ordinaire peut décider de fixer toute somme qu'elle estime convenable soit pour doter les réserves facultatives, soit pour verser un superdividende ou pour être reportée à nouveau sur l'exercice suivant.

Les modalités de paiement des dividendes sont fixées par décision collective des actionnaires.

B – Documentation technique – comptable, fiscale, sociale

Annexe B1 – Documentation fiscale

Extraits du site Bofip (http://bofip.impots.gouv.fr)

TVA - Exclusions du droit à déduction - Limitations concernant certains biens et services - Véhicules ou engins de transport de personnes

Selon le 6° du 2 du IV de l'article 206 de l'annexe II au code général des impôts (CGI), sont exclus du droit à déduction les véhicules ou engins, quelle que soit leur nature, conçus pour transporter des personnes ou à usages mixtes, qui constituent une immobilisation ou, dans le cas contraire, qui ne sont pas destinés à être revendus à l'état neuf [...]

En revanche, ne sont pas frappés d'exclusion les triporteurs, camionnettes, camions, tracteurs [...]

Par contre, la TVA ayant grevé les produits pétroliers est partiellement déductible lorsque ces produits sont utilisés comme carburants pour des véhicules exclus du droit à déduction [...]

L'article 31 de la loi n° 2016-1917 du 29 décembre 2016 de finances pour 2017 aligne progressivement le droit à déduction de la TVA grevant les essences sur celui applicable aux gazoles.

Extraits du site Legifiscal (http://legifiscal.fr)

Le coefficient d'admission à la déduction de la TVA du carburant varie en fonction du carburant utilisé et du caractère « utilitaire » ou non du véhicule.

Carburants	Voitures particulières	Véhicules utilitaires
Essence (SP 95, SP 98)	Progressif à compter de 2017	
Gazole et superéthanol E85	80%	100%
GPL et GNV	100%	100%
Electricité (pour les véhicules électriques)	100%	100%

Ainsi selon ce tableau, la TVA est déductible à 80% pour les véhicules de tourisme fonctionnant au gazole. Les 20% restants constituent une charge pour l'entreprise assujettie [...]

Depuis le 1er janvier 2017, les entreprises peuvent déduire 10% de la TVA sur l'essence qu'elles acquièrent pour l'usage de leurs voitures particulières. [...]

Compte tenu de l'impact de l'essence et du gazole sur l'environnement, cette différence de traitement fiscal n'est plus justifiée.

L'article 31 de la loi de finances pour 2017 prévoit ainsi un alignement progressif du régime de déduction de la TVA sur l'essence, sur celui du gazole :

Acquisition d'essence et coefficient d'admission de la TVA déductible à compter du 1er janvier de l'année :	Voitures particulières	Véhicules utilitaires
2017	10%	0%
2018	20%	20%
2019	40%	40%
2020	60%	60%
2021	80%	80%
2022	80%	100%

Annexe B2 – Documentation sociale

Extrait de l'accord d'entreprise

Article 13 :
Chauff-Est applique les dispositions légales en matière de majoration d'heures supplémentaires.

Extraits du code du travail

Article L3121-28

Toute heure accomplie au-delà de la durée légale hebdomadaire ou de la durée considérée comme équivalente est une heure supplémentaire qui ouvre droit à une majoration salariale ou, le cas échéant, à un repos compensateur équivalent.

Article L3121-29

Les heures supplémentaires se décomptent par semaine.

Article L3121-36

A défaut d'accord, les heures supplémentaires accomplies au-delà de la durée légale hebdomadaire fixée à l'article L. 3121-27 ou de la durée considérée comme équivalente donnent lieu à une majoration de salaire de 25 % pour chacune des huit premières heures supplémentaires. Les heures suivantes donnent lieu à une majoration de 50 %.

Article L. 3141-12

Les congés peuvent être pris dès l'embauche, sans préjudice des règles de détermination de la période de prise des congés et de l'ordre des départs et des règles de fractionnement du congé fixées dans les conditions prévues à la présente section.

Extraits du site www.service-public.fr/particuliers/vosdroits

Que le salarié travaille à temps plein ou à temps partiel, il acquiert 2,5 jours ouvrables par mois de travail effectif chez le même employeur, soit 30 jours ouvrables (5 semaines) pour une année complète de travail.

L'année complète de travail est déterminée à partir d'une période de référence, fixée du 1er juin de l'année précédente au 31 mai de l'année en cours. […]

Extrait du site de la revue fiduciaire social

Visite d'information et de prévention
Fin de la visite d'embauche. - Depuis le 1er janvier 2017, la visite médicale avant l'embauche du salarié ou au plus tard avant la fin de la période d'essai est remplacée par une visite d'information et de prévention qui se déroule après l'embauche. L'aptitude au poste de travail n'est ainsi plus vérifiée.

Délai de 3 mois. - L'employeur dispose désormais de 3 mois après la prise effective de poste pour faire effectuer cette visite, par le médecin du travail ou, sous son autorité, par l'un des membres de son équipe pluridisciplinaire (collaborateur médecin, interne en médecine ou infirmier) (c. trav. art. L. 4624-1 et R. 4624-10 ; décret 2016-1908 du 27 décembre 2016, JO du 29). […]

Annexe B2 – Documentation sociale - SUITE

Extrait du dictionnaire social 2017 - Revue Fiduciaire

[…]

Net fiscal – Le salaire net fiscal est constitué de l'ensemble des éléments de salaire imposables (salaire brut) majoré depuis le 1.01.2013 des contributions patronales aux régimes de prévoyance « frais de santé » et déduction faite, notamment, des cotisations salariales déductibles (dont la CSG à 2,4% et la CRDS ne font pas partie).
Le salaire net fiscal sert de base de calcul à l'administration fiscale pour le calcul de l'impôt sur le revenu.

Annexe B3 – Documentation comptable

Affectation du résultat : extraits du code de commerce

Article L232-10 Réserve légale
À peine de nullité de toute délibération contraire, dans les sociétés à responsabilité limitée et les sociétés par actions, il est fait sur le bénéfice de l'exercice, diminué, le cas échéant, des pertes antérieures, un prélèvement d'un vingtième au moins affecté à la formation d'un fonds de réserve dit " réserve légale ".
Ce prélèvement cesse d'être obligatoire, lorsque la réserve atteint le dixième du capital social.

Article L232-11 Affectation du résultat
Le bénéfice distribuable est constitué par le bénéfice de l'exercice, diminué des pertes antérieures, ainsi que des sommes à porter en réserve en application de la loi ou des statuts, et augmenté du report bénéficiaire (…)

Article L232-12 Dividendes
Après approbation des comptes annuels et constatation de l'existence de sommes distribuables, l'assemblée générale détermine la part attribuée aux associés sous forme de dividendes (…)

Article L232-13 Mise en paiement des dividendes
Les modalités de mise en paiement des dividendes votés par l'assemblée générale sont fixées par elle ou, à défaut, par le conseil d'administration, le directoire ou les gérants, selon le cas.
Toutefois, la mise en paiement des dividendes doit avoir lieu dans un délai maximal de neuf mois après la clôture de l'exercice. La prolongation de ce délai peut être accordée par décision de justice.

Article L232-16 Intérêt statutaire
Les statuts peuvent prévoir l'attribution, à titre de premier dividende, d'un intérêt calculé sur le montant libéré des actions.

Annexe C1 – Feuille de travail - Projet d'affectation du résultat 2017
(à rendre avec la copie)

Projet d'affectation du résultat		
Éléments	Calculs	Montant
Résultat de l'exercice N		
– RAN débiteur N-1		
Bénéfice à répartir		
– Réserve légale		
– Réserves statutaires		
+ RAN créditeur N-1		
Bénéfice distribuable		
– Intérêts statutaires		
– Réserves facultatives		
– Superdividende		
RAN créditeur N		

Annexe C2 – Algorithme à compléter (à rendre avec la copie)

Fonction Dotation_RL(BeneficeNet, Capital, SoldeRL, ReportAnterieur : réels) : réel

'les commentaires insérés dans le programme débutent par une apostrophe
'---------------------------
'Variables déclarées
'---------------------------
'Dotation_RL : calcul de dotation à la réserve légale retournée par la fonction
'Résultat : Résultat de l'exercice
'Capital : capital social libéré
'SoldeRL : solde de la réserve légale avant répartition
'RAN : report à nouveau
'Limite : 10% du capital
'---------------------------
'Calcul de la dotation à la réserve légale
'---------------------------
DEBUT
'cas 1 : si le soldeRL est égal à 10% du capital alors la dotation sera nulle, sinon…
Limite <- Capital * 0.1
SI SoldeRL = Limite
   ALORS Dotation_RL <- 0
   SINON
'cas 2 : avec report négatif
     SI RAN < 0
       ALORS
'respect d'une règle arithmétique : additionner pour enlever une valeur négative
         SI (Résultat + RAN) * 0.05 + SoldeRL > Limite
           ALORS Dotation_RL <- (0.1 * Capital) – SoldeRL
           SINON Dotation_RL <- (Résultat + RAN) * 0.05
       FIN SI
'cas 3 : sans report négatif - A COMPLETER -
     SINON

RETOURNER Dotation_RL
FIN

ÉLÉMENTS INDICATIFS DE CORRIGÉ
CAS CHAUFF-EST

MISSION 1 : GESTION DES OPÉRATIONS COMPTABLES ET FISCALES

Mission 1A : Traitement des opérations commerciales

Activité 1.3. : Enregistrement et suivi des opérations comptables relatives aux clients

1.3.1. Enregistrement, contrôle et validation des opérations relatives aux clients (y compris celles générées par le PGI)

Compétence : Enregistrer les opérations relatives aux ventes, aux prestations de services, aux frais accessoires (transport, emballages), aux créances en devises, au règlement au comptant et à crédit et contrôler leur cohérence.

Activité 1.5. : Enregistrement et suivi des opérations relatives aux fournisseurs

1.5.4. Enregistrement des factures d'achat de bien, de service et/ou d'acquisition d'immobilisation

Compétence : Réaliser et valider les enregistrements relatifs aux achats de biens, de services et aux acquisitions d'immobilisation.

Date	Journal	N° compte général	N° compte de tiers	Libellés des opérations	Débit	Crédit
04/12/17	VE	411100	4111OPU	Facture dépannage 2017-3252	546,00	
		704002				455,00
		445800				91,00
06/12/17	AC	601001		Pompes à chaleur Facture 2025CVB	17 524,80	
		624000			250,00	
		445661			3 554,96	
		401000	401DIE			21 329,76
06/12/17	AC	613000		Abonnement/location annuelle Saaspid Facture ASTALDO 2017140	5 300,00	
		445661			1 060,00	
		401000	401AST			6 360,00

Mission 1B : Travaux préparatoires relatifs à la TVA de novembre

Activité 3.2. : Traitement des opérations relatives à la TVA

3.2.1. Préparation de la déclaration de TVA

Compétence : Appliquer les règles fiscales d'exigibilité, de déductibilité et de territorialité pour le *calcul* de la TVA due ou du crédit de TVA.

TVA collectée sur les encaissements de novembre

Regroupement comptes	Taux normal 20%	Taux intermédiaire 10%	Taux réduit 5,5%
Total des règlements	112 016,34	57 011,24	15 133,42
TVA / encaissements	112 016,34 / 1,20 x 0,2 = 18 669,39	57 011,24 / 1,10 x 0,1 = 5 182,84	15 133,42 / 1,055 x 0,055 = 788,95

Date	Journal	N° compte général	N° compte de tiers	Libellés des opérations	Débit	Crédit
10/12	OD	445800		Régularisation TVA collectée	24 641,18	
		445711				18 669,39
		445712				5 182,84
		445713				788,95

Justification du montant de la TVA déductible sur carburants

Carburant	TVA déductible		TOTAL
	Voitures particulières	**Utilitaires**	
Gazole	28,86 x 80 % = 23,09	139,21 x 100 % = 139,21	162,30
Essence	47,97 x 10% = 4,80	138,51 x 0% = 0	4,80
GPL	9,15 x 100% = 9,15		9,15
		TVA déductible sur carburants	176,25

Le montant enregistré dans le compte 445665 est conforme aux règles de déductibilité de la TVA sur les carburants.

MISSION 2 : GESTION SOCIALE

Activité 4.2. : Préparation des formalités administratives de gestion du personnel et information des salariés
4.2.1. Établissement des formalités d'embauche et de départ
Compétence : Repérer et mettre à jour les échéances en matière d'obligations sociales.
4.2.2. Recueil des informations relatives au suivi de la durée de travail
Compétence : Assurer le suivi des heures effectuées, des heures supplémentaires, des heures *complémentaires* et du repos éventuel dans le respect de la réglementation en vigueur.
4.2.3. Recueil des informations relatives au suivi des absences et des congés
Compétence : Assurer le suivi des absences et des congés dans le respect de la réglementation en vigueur
Activité 4.3. : Gestion comptable de la paie et information des salariés
4.3.1 Prise en compte des éléments collectifs nécessaires à l'élaboration des bulletins de paie
Compétence : Identifier les mentions, rubriques et montants figurant sur le bulletin de paie afin de préparer et de *contrôler* la validité des paramètres de paie.

De : *servicecomptable@chauffest.fr*	A: *m.dijean@gmail.com*
Le : *07/12/2017*	
Objet : *re : re : Votre bulletin de salaire de novembre 2017*	

Bonjour,

Voici les réponses à vos questions concernant votre premier bulletin de salaire de novembre 2017.

1. Vous avez bien effectué 11 heures supplémentaires (HS) sur le mois de novembre 2017, mais le décompte de ces heures s'effectue par semaine conformément à l'article L3121-29 du code du travail soit :
   - Semaine du 06/11 au 10/11 : 5 HS
   - Semaine du 13/11 au 17/11 : 4 HS
   - Semaine du 20/11 au 24/11 : 2 HS

La majoration de 25% s'applique sur les 8 premières HS hebdomadaire. Vous n'avez pas dépassé ce seuil, la majoration est bien de 25% pour les 11 HS réalisées sur le mois.

2. Le salaire net à payer est différent du salaire net imposable car certaines cotisations sociales et fiscales sont imposables pour le salarié :
La part mutuelle employeur : 30 €
La part non déductible de CSG : 40,70 €
La CRDS : 8,48 €
D'où votre net imposable : 1 286,59 + 30 + 40,70 + 8,48 = 1 365,77 €

3. Enfin, pour répondre à vos questions d'ordre juridique :
- Les congés payés peuvent être pris dès l'embauche à condition d'avoir acquis le nombre de jours de congés payés suffisant, à raison de 2,5 jours ouvrables par mois de travail effectif. Vous pourrez donc prendre quelques jours à Noël. Nous vous calculerons le nombre de jours de congés possible de manière précise lors de votre demande.
- Depuis le 1er janvier 2017, la visite médicale d'embauche a été remplacée par la visite d'information et de prévention. Elle doit être effectuée dans les trois mois suivant l'embauche. Vous serez donc convoqué d'ici fin février 2018.

Restant à votre écoute,

Cordialement,

Le ou la comptable

MISSION 3 : SUIVI DES IMMOBILISATIONS

Mission 3A : Gestion du parc de véhicules

Activité 1.5. : Enregistrement et suivi des opérations relatives aux fournisseurs

1.5.4. Enregistrement des factures d'achat de bien, de service et/ou d'acquisition d'immobilisation

Compétence : Réaliser et valider les enregistrements relatifs aux achats de biens, de services et aux acquisitions *d'immobilisation*.

Date	Journal	N° compte général	N° compte de tiers	Libellés des opérations	Débit	Crédit
20/12	OD	218200		*Aménagement nouveau Boxer*	4 400,00	
		445620		*Facture MDLS-3585-18*	880,00	
		404000	404ADA			5 280,00

Modifications nécessaires sur la fiche immobilisation de l'utilitaire :

L'aménagement modifie le coût d'acquisition du nouveau BOXER, sa base amortissable et la date de mise en service. En conséquence, il faut modifier les champs :
- **valeur d'achat**, valeur à amortir et base fiscale pour : 40 600 + 4 400 = **45 000**
- **la date de début de l'amortissement** (éventuellement date d'achat) : **20/12/2017**
- **la date de fin : 19/12/2022**

Mission 3B : Gestion des ressources informatiques

Cession et régularisations

Activité 2.3. : Réalisation des opérations d'inventaire
2.3.2. Réalisation, enregistrement, contrôle des travaux d'inventaire relatifs aux immobilisations
Compétence : Analyser, traiter et enregistrer les opérations d'amortissements, de provisions, de dépréciations, de cessions et l'incidence de l'obtention d'une subvention d'investissement sur les travaux *d'inventaire*.

Dotation complémentaire du Serveur Dell Active dédié au PGI ERP-STAR :
  2 990 / 5 ans x 347 / 360 = 576,41 € (amortissement du 01/01/2017 au 17/12/2017 inclus)
  Accepter le calcul de la dotation aux amortissements jusqu'au 18/12/17 : 578,07 €

Cumul amortissements à reprendre :
  Serveur HP Pavillion dédié au progiciel BATIPRO : 2 750 €
  Serveur Dell Active : 1 868,75 + 576,41 = 2 445,16 €
  Total : 5 195,16 €

Date	Compte	Journal		Libellé	Débit	Crédit
18/12/17	467000	OD		*Cession 2 Pc*	600,00	
	775000			*Facture 251435*		500,00
	445711					100,00
31/12/17	681120	OD		*Dot. Compl. Amort.*	576,41	
	281830			*Serveur Dell Active*		576,41
31/12/17	675000	OD		*Sortie du patrimoine des deux serveurs*	544,84	
	281830				5 195,16	
	218302					5 740,00
31/12/17	280500	OD		*Mise au rebut logiciels*	7 850,00	
	205001					7 850,00

MISSION 4 – Projet d'affectation du résultat

Projet d'affectation du résultat

Activité 2.5. : Suivi comptable des travaux relatifs à l'affectation du résultat

2.5.1. Présentation d'un projet de répartition du résultat aux organes de direction

Compétence : Mettre en œuvre les techniques d'affectation du résultat conformément aux textes en vigueur, aux statuts *et* aux procédures internes

Projet d'affectation du résultat		
Éléments	Calculs	Montant
Résultat de l'exercice N		216 656,45
– RAN débiteur N-1		/
Bénéfice à répartir		216 656,45
– Réserve légale	Limite de 10% du capital atteinte	/
– Réserves statutaires	216 656,45 x 10%	21 665,65
+ RAN créditeur N-1		2 406,23
Bénéfice distribuable		197 397,03
– Intérêts statutaires	200 000 x 5%	10 000,00
– Réserves facultatives	197 397,03 – 10 000 = 187 406,03 arrondi au k€ inférieur	187 000,00
– Superdividende		/
RAN créditeur N	197 397,03 – 10 000 -187 000	397,03

Algorithme – Calcul de la dotation à la réserve légale

Activité 7.2. : Gérer les information de l'organisation

7.2.1. Contrôle de la fiabilité des informations

Compétences : Opérer des contrôles ou des mesures automatisées sur des données extraites en nombre

Cas 3 : sans report négatif

```
    SINON
        SI (Résultat*0.05) + SoldeRL > Limite
            ALORS Dotation_RL <- (0.1*Capital) – SoldeRL
            SINON Dotation_RL <- (Résultat*0.05)
        FIN SI
    FIN SI
FIN SI
```

BREVET DE TECHNICIEN SUPÉRIEUR
COMPTABILITÉ ET GESTION

ÉPREUVE U41

ÉTUDE DE CAS

SESSION 2020

Durée : 4 heures
Coefficient 6

Matériel autorisé :
L'usage de calculatrice, avec mode examen actif est autorisé.
L'usage de calculatrice sans mémoire, « type collège » est autorisé.

Document autorisé :
Liste des comptes du plan comptable général, à l'exclusion de toute autre information.

Dès que le sujet vous est remis, assurez-vous qu'il est complet.
Le sujet comporte 20 pages, numérotées de 1/20 à 20/20.

ÉPREUVE E41 - Étude de cas

Le sujet se présente sous la forme de 4 missions indépendantes

Page de garde	p.1
Présentation du cabinet d'expertise comptable FIDEC	p.2
Présentation de l'entreprise cliente FORE PF	p. 2 à 3
MISSION 1 : Opérations courantes (40 points)	p. 4
MISSION 2 : Gestion sociale (30 points)	p. 4
MISSION 3 : Gestion fiscale (22 points)	p. 5
MISSION 4 : Travaux d'inventaire (28 points)	p. 5

ANNEXES

A - Documents comptables, financiers, fiscaux et sociaux associés à la situation

MISSION 1 : Opérations courantes – Annexes A1 à A4	p. 6 à 8
MISSION 2 : Gestion sociale – Annexes A5 à A9	p. 9 et 10
MISSION 3 : Gestion fiscale – Annexes A10 à A12	p. 11 à 14
MISSION 4 : Travaux d'inventaire – Annexes A13 à A17	p. 15 à 17

B - Extraits issus de la réglementation comptable, financière, fiscale et sociale en vigueur

MISSION 2 : Annexe B1 : Documentation sociale	p. 18
MISSION 2 : Annexe B2 : Documentation technique – mémento SQL	p. 19
MISSION 4 : Annexe B3 : Documentation fiscale	p. 20

AVERTISSEMENTS

Il vous est demandé d'apporter un soin particulier à la présentation de votre copie. Toute information calculée devra être justifiée et les démarches devront être clairement décrites.

Les enregistrements comptables devront être présentés de façon structurée et indiquer les informations suivantes :
- Pour l'ensemble de l'opération : la date, le code journal et le libellé de l'opération,
- Pour chaque ligne de l'opération : le N° de compte général, le N° de compte de tiers (le cas échéant) et le montant "débit" ou "crédit".

Si le texte du sujet, de ses questions ou de ses annexes, vous conduit à formuler une ou plusieurs hypothèses, il vous est demandé de la (ou les) mentionner explicitement dans votre copie.

LE CABINET FIDEC

Le cabinet FIDEC, situé à Bordeaux, est dirigé par deux experts-comptables, Thomas Sima et Alexandra Nittac.

Une équipe de 11 collaborateurs et 3 assistants réalise les missions confiées par les clients. Le collaborateur en charge du dossier client le traite dans son intégralité en fonction des tâches définies par la lettre de mission.

Organisation informatique

GESTION+, le PGI utilisé par FIDEC est proposé aux clients en utilisation partagée via une connexion internet.

Vos missions au sein de FIDEC

Vous venez d'obtenir votre BTS Comptabilité Gestion et vous réalisez un remplacement sur le poste d'assistant dans le cabinet FIDEC.

Vous vous tenez à disposition des collaborateurs en fonction de leur charge respective de travail.

Vous disposez de l'adresse électronique suivante sur le site du cabinet : assistant@fidec.fr (NB : dans toute correspondance, afin de respecter l'anonymat de votre copie, vous vous identifierez en tant que "l'assistante" ou "l'assistant").

Au cours du mois de janvier 2020, vous êtes amené à assister Mme Dupuis, collaboratrice du cabinet, sur le dossier de l'EURL FORE PF, pour comptabiliser les dernières opérations courantes de l'exercice 2019, réaliser des missions sociales et fiscales et participer à la réalisation des travaux d'inventaire.

LE DOSSIER CLIENT : L'EURL FORE PF

L'EURL FORE PF a pour activité l'achat et la vente de pieux en béton armé ou en acier. Ces pieux sont prêts à l'emploi. Ils sont constitués d'un seul ou de plusieurs blocs assemblés. Ils sont utilisés dans de nombreux domaines techniques tels que les fondations profondes, l'amélioration de sol et le soutènement (par exemples : fondation de maisons individuelles, confortement des talus d'autoroute, fondation de pont, etc.).

Capital	10 000 €
Direction de l'entreprise	Paul Martin, gérant et associé unique
Chiffre d'affaires 2018	1 100 000 €
Code NAF	4690 Z Commerce de gros inter-entreprise
Convention collective	Convention collective du commerce de gros - IDCC 573
Coordonnées de l'entreprise	40 Boulevard Robert Boulin 33500 Libourne
Exercice comptable	01 janvier au 31 décembre

Les clients de l'entreprise FORE PF sont des professionnels du BTP (bâtiment et travaux publics), français et étrangers.

L'EURL FORE PF emploie sept salariés dont Mme Louise, assistante de gestion. Elle est ouverte 5 jours par semaine du lundi au vendredi ; la durée de travail dans l'entreprise est de 7 heures par jour.

Organisation comptable

L'EURL FORE PF utilise le PGI GESTION+ proposé par le cabinet FIDEC.

Les accès aux différents modules sont les suivants :

Utilisateurs Modules :	FORE PF Valérie LOUISE	Cabinet FIDEC Nadège DUPUIS
Gestion des stocks	✓	
Gestion commerciale	✓	✓
Comptabilité		✓
Gestion sociale		✓
Immobilisations	✓	✓

Seules les opérations de ventes sont gérées par le module de gestion commerciale.

Les journaux auxiliaires

Les journaux auxiliaires sont :
- le journal des achats : ACH
- le journal des ventes : VE
- le journal de banque : BA
- le journal de caisse : CA
- le journal des opérations diverses : OD
- le journal des à nouveaux : AN
- le journal des opérations liées aux travaux d'inventaire : CLO

Les comptes de tiers

Extrait du plan des comptes des tiers Fournisseurs

401 FOURNISSEURS	
Code	Libellé
FRSOT	SOTERRE
FRPAN	PANTAR
FRGEO	GEONECONCEPT
FRGEB	GEBRUDER

Extrait du plan des comptes de l'entreprise

L'entreprise utilise les comptes du Plan Comptable Général (comptes à 6 chiffres) et les comptes spécifiques suivants :

.....	....
445220	État -TVA due intracommunautaire
445661	État - TVA déductible sur autres biens et services
445662	État - TVA déductible sur autres biens et services sur achats intra-communautaires
445663	État - TVA déductible sur autres biens et services sur importations
445664	État - TVA déductible sur les encaissements
.....	....
607101	Achats de pieux en béton armé
607102	Achats de pieux en acier

Régime fiscal en matière de TVA

L'entreprise relève du régime réel normal. Les produits vendus sont taxés au taux normal de 20%.

Règles comptables

La date d'enregistrement des factures correspond à la date de facturation.
Les frais accessoires d'achat sont comptabilisés dans les comptes de charges par nature.

MISSION 1 : OPERATIONS COURANTES   Annexes A1 à A4

Mme Dupuis, collaboratrice du cabinet, vous charge de traiter certaines opérations du dossier FORE PF pour le mois de décembre 2019.

Mission 1-A

Mme Louise, assistante de gestion de l'EURL FORE PF, vient de transmettre au cabinet les dernières factures de l'exercice 2019.

Comptabiliser les factures en attente du mois de décembre 2019.

Mission 1-B

FORE PF entretient depuis de nombreuses années des relations privilégiées avec le fournisseur SOTERRE auprès duquel elle achète l'intégralité des pieux en acier.

Dans le cadre de sa politique commerciale relative à la fidélité, SOTERRE accorde à FORE PF une ristourne tous les mois.

Pour le mois de décembre, la ristourne a été calculée par le fournisseur SOTERRE. L'avoir correspondant vient d'être réceptionné.

Mme Dupuis, souhaite vérifier cet avoir qu'elle pense erroné au regard des conditions habituelles.

Elle vous demande de rédiger à son attention (dupuis@fidec.fr) un courriel daté du 20 janvier afin de :

- ***identifier les éventuelles erreurs ;***
- ***présenter le détail du calcul de la ristourne TTC.***

MISSION 2 : GESTION SOCIALE   Annexes A5 à A9   Annexes B1 à B2

Mission 2-A

M. Coulé, commercial, a pris le solde de ses congés payés durant le mois de décembre 2019. Son bulletin de paie vient d'être généré.

Mme Dupuis vous demande de :
- ***justifier l'existence des trois lignes dédiées aux congés payés dans le bulletin ;***
- ***contrôler leurs montants.***

Mission 2-B

Pour connaître le montant brut des salaires de la période de référence, Mme Dupuis recherche les bulletins de paie du salarié et cumule les différents salaires bruts.

Afin d'automatiser ce calcul, elle souhaiterait exécuter une requête SQL dans le PGI GESTION+.

Mme Dupuis vous demande de :
- ***rédiger la requête SQL permettant d'obtenir le montant de la rémunération brute de la période de référence de M. Coulé (36 882,50 €).***

MISSION 3 : GESTION FISCALE   Annexes A10 à A12   Annexe B3

M. Martin, gérant de l'EURL FORE PF s'interroge sur les modalités de déduction de TVA sur certaines factures de l'exercice 2019. Il vient de transmettre un courriel à Mme Dupuis à ce sujet. Elle a rédigé une note de travail à votre attention.

Mme Dupuis vous charge de préparer les réponses qui seront communiquées à M. Martin.

MISSION 4 : TRAVAUX D'INVENTAIRE   Annexes A13 à A17

Les travaux d'inventaire ne sont que partiellement effectués. Mme Dupuis vous confie l'ensemble des documents restant à traiter accompagnés des informations transmises par le client. Elle doit réviser le dossier de travail afin de s'assurer que l'ensemble des travaux a été correctement réalisé.

Mme Dupuis vous charge de :

- *expliquer l'objectif des écritures d'extourne (ou contrepassation) enregistrées à la date du 01/01/2019 présentes dans les comptes 615520 et 622600 ;*
- *justifier ces dernières écritures en référence aux règles et principes comptables ;*
- *comptabiliser et détailler les calculs des écritures d'inventaire en respectant la procédure décrite dans le processus « Cycle de révision du cabinet » ;*
- *expliquer votre analyse au 31 décembre 2019 au sujet du compte 616100 (assurances multirisques).*

A - Documentation comptable, financière, fiscale et sociale associée à la situation

Annexe A1 - Factures non comptabilisées du mois de décembre 2019

GeoneConcept
14, Rue Francis Martin
33000 Bordeaux
SIRET : 500 042 742 00021

FORE PF
40, Boulevard Robert Boulin
33500 Libourne

Affaire 008/36222 FORE PF : TP Pieux battus
Note d'honoraires n° 16F502
Le 20/12/2019

Assistance Géotechnique pour le projet « ZAC Marguerite »	207,00
Remise de 10 %	20,70
Total HT	186,30
TVA 20 %	37,26
Net à payer	223,56

Date d'échéance du règlement : 45 jours fin de mois par chèque
TVA acquittée d'après les débits

Gebruder
24, Avenue Barlant
Bruxelles
BE 485 652 231

FORE PF
40, Boulevard Robert Boulin
33500 Libourne
FR 24 776 546 322

Facture n°48569
Date de la facture : 20/12/2019

Code produit	Désignation	Quantité	Prix unitaire	Montant
12454	Pieux en béton armé	230	7,00	1 610,00

Taux TVA	Total HT	Escompte	Total TVA	Net à payer
	1 610,00	Néant		1 610,00

Règlement par chèque le 04/01/2020

Annexe A1 - Factures non comptabilisées du mois de décembre 2019 (suite)

PANTAR
7, Rue Carnot
86000 Poitiers
SIRET : 419 828 413 00014

FORE PF
40, Boulevard Robert Boulin
33500 Libourne

Facture n° 1458
Date de la facture : 20/12/2019

Code article	Désignation	Quantité	Prix unitaire	Montant
AF2015004	Pieux en béton armé préfabriqué	180	10,50	1 890,00

Total	1 890,00
Remise 10 %	189,00
Net commercial	1 701,00
Escompte 2 %	34,02
Net financier	1 666,98
Port forfaitaire	120,00
TOTAL HT	1 786,98
TVA 20 %	357,40
Palettes consignées (5 palettes pour un montant de 10 € unitaire)	50,00
Total TTC	2 194,38

Mode de règlement : chèque à réception de la facture

PANTAR
7, Rue Carnot
86000 Poitiers
SIRET : 419 828 413 00014

FORE PF
40, Boulevard Robert Boulin
33500 Libourne

Facture AV n° 157
Date de la facture : 27/12/2019

Désignation	Quantité	Prix unitaire	Montant
Retour des palettes consignées	5	10,00	50,00
		Net à déduire	50,00

Annexe A2 - Ristourne mensuelle négociée avec le fournisseur SOTERRE

Le fournisseur SOTERRE accorde à FORE PF une ristourne mensuelle calculée par tranche selon le barème suivant :

Tranche de chiffre d'affaires net hors taxe	Pourcentage de ristourne par tranche
< à 5 000 €	0 %
>= à 5 000 € et < à 10 000 €	2 %
>= à 10 000 € et < à 20 000 €	3 %
>= à 20 000 €	4 %

Annexe A3 - Extrait de la balance des comptes de FORE PF

FORE PF
Comptes généraux de 607102 à 607102
Période du 01/12/2019 au 31/12/2019

Comptes	Intitulés	Mouvements		Soldes	
		Total débit	Total crédit	Solde débiteur	Solde créditeur
607102	Achats de pieux en acier	23 000,00	1 200,00	21 800,00	

Annexe A4 - Facture d'avoir du fournisseur SOTERRE

SOTERRE 14 Rue des Cormières 47000 Agen Facture d'avoir AV 258 Date : 31/12/2019 SIRET : 799 269 246 00035	FORE PF 40, Boulevard Robert Boulin 33500 Libourne
Ristourne sur chiffre d'affaires de décembre 2019 23 000 x 4 % = 920,00 € Total HT	920,00 €
TVA 20 %	184,00 €
Net à déduire TTC	1 104,00 €

Annexe A5 - Extrait des règles sociales applicables dans l'entreprise

L'entreprise pratique :
- le décompte des congés payés en jours ouvrables ;
- les retenues pour absences se calculent en jours ouvrés réellement travaillés ;
- le maintien du salaire lors de la prise de congés payés de ses salariés (la retenue pour absence de congés payés est calculée selon la méthode des jours réellement ouvrés) ;
- le contrôle par rapport à la méthode du dixième lorsque le salarié solde les congés payés d'une période.

Annexe A6 - Extrait du bulletin de paie de Monsieur Coulé

Bulletin de paie			Période	Décembre 2019
COULÉ Damien 3 rue des Framboises 33500 Libourne N° INSEE : 1 92 08 71 158 095 45 Emploi : Commercial Niveau III : Echelon 3 Matricule : AM11			**EURL FORE PF** **40, Boulevard Robert Boulin** **33500 Libourne** Code NAF : 4690 Z SIREN : 232 654 987 Convention collective nationale du commerce de gros	
Désignation	Base	Taux salarial	Part salariale	
Salaire de base	151,67	16,54	2 508,62	
Absence pour congés payés du 07 décembre au 15 décembre inclus	5,00		- 597,29	
Indemnités de congés payés – Maintien du salaire			597,29	
Régularisation congés payés période 2018 -2019			104,45	
Salaire brut			**2 613,07**	

Annexe A7 - État des congés payés de M. Coulé issu du module de paie avant prise en compte de la paie de décembre 2019

Date : 02/12/2019		Récapitulatif congés payés 2018-2019					
Entreprise		EURL FORE PF					
Matricule	Nom	Prénom	Congés payés acquis	Congés payés pris	Congés payés restants	Montant de l'ICP versée (1)	Montant brut des salaires sur la période de référence (01 juin 2018 au 31 mai 2019) (2)
AM11	Coulé	Damien	30 jours	24 jours	6 jours	2 986,51 €	36 882,50 €

(1) ICP = Indemnité de congés payés
(2) Montant obtenu à partir des bulletins de paie

Annexe A8 - Calendrier du mois de décembre 2019

	L	Ma	Me	J	V	S	D
Semaine 48							1
Semaine 49	2	3	4	5	6	7	8
Semaine 50	9	10	11	12	13	14	15
Semaine 51	16	17	18	19	20	21	22
Semaine 52	23	24	**25**	26	27	28	29
Semaine 01	30	31					

Le mois de décembre compte 21 jours réellement ouvrés. Le 25 décembre est un jour férié et chômé.

Annexe A9 - Extraits du modèle relationnel et de la table BULLETIN relatifs au module paie du PGI GESTION+

SALARIE (Matricule, Civilite, Nom_De_Naissance, Prenom, Rue, CP, Ville, Num_Secu, Date_Entree, Code_Emploi,…, #Code_Service)

BULLETIN (Id_Bulletin, Montant_Brut, Montant_Net_A_Payer, Montant_Net_Imposable, …, #Matricule, #Code_Periode)

PERIODE (Code_Periode)

L'attribut « code_periode » de la table PERIODE au format numérique (de type DATE) contient le mois et l'année du bulletin. Ex : « 01/2019 » soit le bulletin de janvier 2019.

Extrait de la table BULLETIN

Id_bulletin	Montant_brut	Montant_net_a_payer	Montant_net_imposable	Matricule	Code_periode
…	…	…	…	…	…
B20180611	2 508,62	2 045,93	2 129,60	AM11	06/2018
…	…	…	…	…	…
B20191203	1 894,12	1 653,28	1 695,37	AM03	12/2019
B20191211	2 613,07	2 134,12	2 218,27	AM11	12/2019
…	…	…	…	…	…

Annexe A10 - Note de travail de Mme Dupuis

Note de travail

Nadège Dupuis, collaboratrice
PJ : Mail de M. Martin

A

Assistant comptable

Nous avons reçu de M. Martin, gérant de l'EURL FORE PF, un mail que je joins à cette note.

J'ai déjà commencé une veille fiscale au sujet des charges somptuaires. Il apparait, selon l'article 39 bis du CGI, que sont notamment considérées comme charges somptuaires, les dépenses des charges de toute nature ayant trait à l'exercice de la chasse ainsi qu'à l'exercice non professionnel de la pêche. Ces dépenses sont expressément exclues du droit à déduction de la TVA.

Merci de préparer une réponse sous forme d'un tableau précisant pour chaque document :

- les règles de déductibilité en matière de TVA ;
- le montant de la TVA non déductible.

Je vous remercie pour votre collaboration.

Nadège Dupuis

Annexe A11 - Courriel de M. Martin

De	p.martin@Forepf.fr
À	dupuis@fidec.fr
Date	29 janvier 2020
Objet	Questions sur la TVA
PJ	Pièces comptables : factures 2019

Bonjour,

Vous avez pour mission d'établir, tous les mois, les déclarations de TVA de mon entreprise.

Je me suis rendu compte qu'un nombre important d'opérations courantes ne donnent pas lieu à récupération de la TVA.

Aussi, je souhaiterais connaître les modalités de déduction de la TVA sur certaines de ces opérations.

Pourriez-vous, à partir des pièces comptables 2019 que je vous ai communiquées, me présenter pour chacune d'elles, une analyse fiscale sur la déductibilité de la TVA (de préférence dans un tableau) ?

Bien cordialement,
Paul Martin

Annexe A12 - Pièces comptables sélectionnées par Mme Dupuis

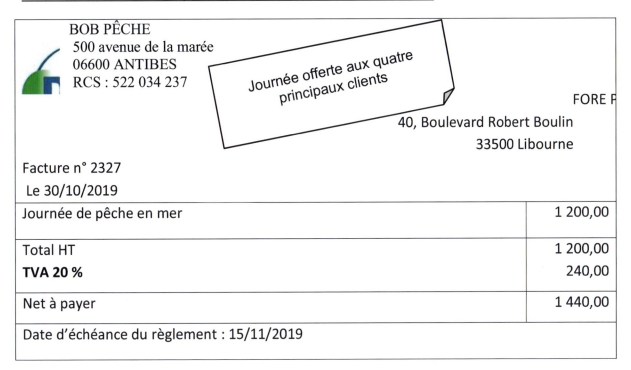

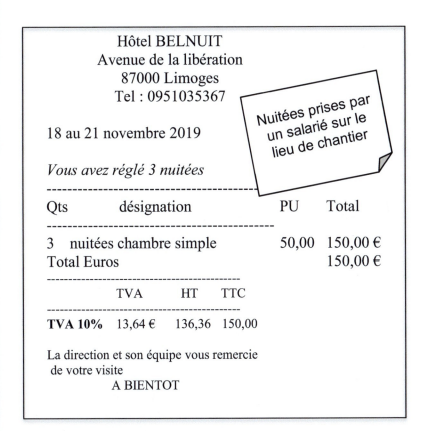

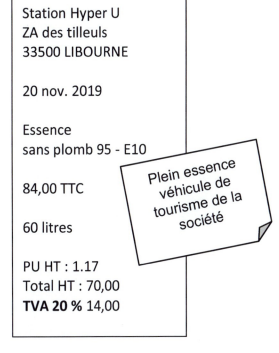

Annexe A12 (suite) - Pièces comptables sélectionnées par Mme Dupuis

PNEUS 33
45, boulevard Robert Boulin
33500 Libourne

La Renault MEGANE est un véhicule de tourisme

FORE PF
40, Boulevard Robert Boulin
33500 Libourne

Facture n° F24587
Le 14 septembre 2019

Lot de 4 pneus pour Renault Mégane « Estate » 205/55 R16 91H	340,00
Total HT	340,00
TVA 20 %	68,00
Net à payer	408,00
Règlement comptant	

Club de sport
Fit and Form
20 rue de la liberté
33500 Libourne

Abonnement personnel de Paul Martin, gérant associé

FORE PF
40, Boulevard Robert Boulin
33500 Libourne

Facture n° AB205
Le 02 janvier 2019

Abonnement annuel Fitness et Aquagym (Abonné n° 152 : Monsieur Paul Martin)	350,00
Total HT	350,00
TVA 20 %	70,00
Net à payer	420,00
Règlement comptant	

Annexe A12 (suite) - Pièces comptables sélectionnées par Mme Dupuis

Traditions du Gers

AU VILLAGE
Tradition du Gers
1 allée des fleurs
32000 AUCH

Cadeaux pour les salariés (paniers gourmands)
Cadeaux pour les clients (lots de bocaux de foie gras)

FORE PF
40, Boulevard Robert Boulin
33500 Libourne

Facture
Le 20/12/2019

	Qté	PU HT	Montant
Paniers gourmands	7	70,00	490,00
Lot de bocaux de foie gras (500 g)	10	85,00	850,00
Total HT			1 340,00
TVA 20 %			268,00
Net à payer			1 608,00
Règlement comptant par chèque			

Annexe A13 - Extrait du processus « cycle de révision du cabinet FIDEC »

Période	Client du cabinet FIDEC	Assistant(e) comptable	Responsable dossier client	Type
31 décembre 2019	Inventaire physique	**Révisions des stocks** : Contrôle du stock physique et stock théorique, Annulation du SI, Constatation SF, Traitement des dépréciations. Entrées : Extrait du grand livre, Note interne. Sortie : Stocks traités (ET). Puis **Régularisation des charges** : Repérer les charges facturées qui concernent l'exercice en cours ou le suivant, Procéder aux régularisations (CCA) (1) ; Repérer les charges non encore facturées qui concernent l'exercice en cours, Procéder aux régularisations (FNP) (2). Entrée : Dossier de travail. Sortie : Charges régularisées.		Interactif

(1) Charges constatées d'avance   (2) Factures non parvenues

Annexe A14 - Extrait du grand livre des comptes de stocks avant inventaire 31/12/2019

Compte	Jal	N° de pièce	Libellé	Débit	Crédit	Solde progressif
370000			STOCKS DE MARCHANDISES			
01/01/2019	ANO		A-nouveaux au 01/01/2019	85 918,12		85 918,12
			Total 370000	**85 918,12**		**85 918,12**
397000			DEPRECIATION STOCKS DE MARCHANDISES			
01/01/2019	ANO		A-nouveaux au 01/01/2019		1 205,00	1 205,00
			Total 397000		**1 205,00**	**1 205,00**

Annexe A15 - Note de Mme Dupuis et compte rendu concernant les stocks de marchandises au 31/12/2019

Bonjour,

Veuillez trouver ci-joint le compte rendu de l'inventaire au 31/12/2019. Aucune dépréciation ne s'avère nécessaire au 31/12/2019. La dépréciation constatée à la clôture de l'exercice 2018 est devenue sans objet.

Valérie Dupuis

Compte rendu de l'inventaire au 31.12.2019

Inventaire permanent							Inventaire Physique	
Valeur stock (EUR)	Coût d'achat 2019 (EUR)	Poids unitaire (KG) commercial	Article	Désignation	unité	Stock Théorique	Stock Physique	
27 409,60	18,52	21,00	1001004040	Tube en fonte ductile 5,0 m 118/07,5 mm	mètre	1 480	1 480	
2 286,57	13,53	2,10	1002003010	Sabot trilame pieux BAF 118/06,0 à 10,6 mm	pièce	169	169	
(...)	(...)	(...)	(...)	(...)	(...)	(...)	(...)	
7 776,00	1 944,00	472,00	1003001020	Adaptateur pieux BAF Montabert V1200	pièce	4	4	
5 832,00	1 944,00	136,00	1003001060	Adaptateur pieux BAF Montabert V1800	pièce	3	3	
92 761,02	**Total inventaire 31/12/2019**							

Annexe A16 - Extrait du grand livre avant inventaire au 31/12/2019
Comptes de régularisation

Compte	Jal	N° de pièce	Libellé	Débit	Crédit	Solde progressif
408100			FOURNISSEURS - FACT. NON PARVENUES (FNP)			
01/01/2019	ANO		A-nouveaux au 01/01/2019		3 720,00	-3 720,00
01/01/2019	CLO	2	EXTOURNE FNP12/2018	3 720,00		0,00
			Total 408100	**3 720,00**	**3 720,00**	**0,00**
486000			CHARGES CONSTATEES D'AVANCE (CCA)			
01/01/2019	ANO		A-nouveaux au 01/01/2019	756,25		756,25
01/01/2019	CLO	3	EXTOURNE CCA 12/2018		756,25	0,00
			Total 486000	**756,25**	**756,25**	**0,00**

Annexe A16 (suite) - Extraits du grand livre avant inventaire au 31/12/2019
Autres charges externes

Compte	Jal	N° de pièce	Libellé	Débit	Crédit	Solde progressif
615520			ENTRETIEN DU MATERIEL			
01/01/2019	CLO	3	Extourne charge constatée d'avance Maintenance annuelle	756,25		756,25
...	...	...	...	...	...	...
01/12/2019	ACH	201903087	Inforgestion SAS - Maintenance annuelle **01-12-2019 au 30/11/2020**	825,00		2 451,25
			Total 615520	**2 451,25**		**2 451,25**
616100			ASSURANCES MULTIRISQUES			
04/01/2019	ACH	201912063	RCB - 01/2019 au 12/2019	2 400,00		2 400,00
			Total 616100	**2 400,00**		**2 400,00**
622600			HONORAIRES			
01/01/2019	CLO	2	EXTOURNE Facture non parvenue JURI EXPERTT Appro comptes 2018		300,00	- 300,00
01/01/2019	CLO	2	EXTOURNE Facture non parvenue FIDEC Missions année 2018		2 800,00	- 3 100,00
...	...	...	...	...	...	...
30/04/2019	ACH	201904124	FIDEC Missions année 2018	2 800,00		7 895,42
...	...	...	...	...	...	...
01/06/2019	ACH	201906122	JURI EXPERTT Appro comptes 2018	300,00		13 091,67
...	...	...	...	...	...	...
			Total 622600	**33 006,92**	**3 100,00**	**29 906,92**

Annexe A17 - Extrait du dossier de travail 2018

Détails des Charges Constatées d'Avance (CCA) au 31/12/2018

Opérations concernées	Comptes	Montants €
Maintenance annuelle Inforgestion SAS	615520	756,25
Total CCA au 31/12/2018		**756,25**

Détail des Factures Non Parvenues (FNP) au 31/12/2018

Opérations concernées	Comptes	Montants €
JURI EXPERTT appro comptes 2018	622600	300,00
FIDEC Mission année 2018	622600	2 800,00
Total FNP 2018 HT		**3 100,00**
TVA sur facture non parvenue		**620,00**
Total FNP 2018 TTC		**3 720,00**

Remarque : Ces honoraires ont été négociés en 2018 pour 2 années. Les honoraires 2019 seront donc identiques à ceux de 2018 et seront facturés en avril 2020.

B - Documents comptables, financiers, fiscaux et sociaux associés à la situation

Annexe B1 - Documentation sociale

Revue Fiduciaire - Dictionnaire social (janvier 2019) - Congés payés (indemnité)

Calcul de l'indemnité

Deux méthodes de calcul - L'indemnité de congés payés compense la perte de salaire consécutive à l'absence du salarié pendant le congé annuel. Elle est calculée (c. trav. art. L. 3141-24) :

- soit sur la base du dixième de la rémunération totale perçue par le salarié entre le 1er juin de l'année précédente et le 31 mai de l'année en cours (période durant laquelle les congés payés ont été acquis) ;
- soit sur la base de la rémunération qui aurait été perçue pendant le congé si le salarié avait continué à travailler.

L'employeur doit retenir la solution la plus avantageuse pour le salarié.
[...]

Comparaison entre les deux méthodes de calcul - La comparaison entre les deux méthodes doit se faire dans le cadre de l'indemnité totale et non pour chaque fraction de congé. La vérification sera souvent effectuée lorsque le salarié aura pris la totalité de son congé.

Annexe B2 - Documentation technique – mémento SQL

PROJECTION D'ATTRIBUTS		
Expression	Résultat	Syntaxe
SELECT	Spécifie les attributs que l'on veut extraire et afficher	SELECT TABLE.Attribut
FROM	Spécifie les tables nécessaires à la requête	FROM TABLE1, TABLE2
;	Indique que la requête est terminée	;

SÉLECTION		
Expression	Résultat	Syntaxe
WHERE	Précède la première jointure ou sélection	WHERE TABLE.Attribut LIKE chaîne de caractères
AND	Succède à WHERE que ce soit pour une sélection ou une jointure	AND TABLE.Attribut = Valeur numérique
OR	Précède une sélection (union)	OR TABLE.Attribut = Valeur numérique
LIKE / =	LIKE précède une chaîne de caractères. = précède une valeur numérique.	WHERE TABLE.Attribut LIKE chaîne de caractères AND TABLE.Attribut = Valeur numérique
IS [NOT] NULL	Prédicat de [non] nullité	WHERE TABLE.Attribut IS [NOT] NULL
BETWEEN … AND …	Prédicat d'intervalle Équivalent à >= … AND <= …	WHERE TABLE.Attribut BETWEEN valeur1 AND valeur 2

TRI		
Expression	Résultat	Syntaxe
ORDER BY … ASC ou DESC	La hiérarchie des clés de tri est définie par l'ordre des attributs derrière ORDER BY	ORDER BY TABLE.Attribut1, TABLE.Attribut2 ASC

CALCULS		
Expression	Résultat	Syntaxe
SUM	Retourne la somme des valeurs d'un attribut d'une table	SELECT SUM (TABLE.Attribut) AS NomAlias
AVG	Retourne la moyenne des valeurs d'un attribut d'une table	SELECT AVG (TABLE.Attribut) AS NomAlias
MAX	Retourne la valeur maximum d'un attribut d'une table	SELECT MAX (TABLE.Attribut) AS NomAlias
MIN	Retourne la valeur minimum d'un attribut d'une table	SELECT MIN (TABLE.Attribut) AS NomAlias
AS	L'attribut projeté est identifié par le nom de l'alias	SELECT SUM (TABLE.Attribut) AS NomAlias

REGROUPEMENT		
Expression	Résultat	Syntaxe
COUNT	Retourne le nombre de tuples d'une table	SELECT COUNT (TABLE.Attribut) AS NomAlias
GROUP BY	Permet de faire porter les fonctions d'agrégat sur des partitions de la table	GROUP BY TABLE.Attribut HAVING TABLE.Attribut = Valeur
HAVING	Permet d'appliquer des prédicats de condition sur des résultats de regroupement	GROUP BY TABLE.Attribut HAVING TABLE.Attribut = Valeur

Annexe B3 - Documentation fiscale

Revue fiduciaire Mensuel RF 1107 – (09/2019) - TVA déductible – Exclusions et restrictions du droit à déduction

§ 1749 - Biens cédés sans rémunération ou contre une faible rémunération – Principe d'exclusion du droit à déduction

Les biens cédés sans rémunération ou moyennant une rémunération très inférieure à leur prix normal, notamment à titre de commission, salaire, gratification, rabais, bonification, cadeau, quelle que soit la qualité du bénéficiaire (client, fournisseur, personnel) ou la forme de la distribution, n'ouvrent pas droit à déduction. Ne sont toutefois pas visés les biens de très faible valeur [...]

§ 1752 – Déduction de la TVA admise pour les objets de très faible valeur

[...]

Sont considérés comme tels, les biens d'un prix d'achat ou de revient [...] n'excédant pas 69 euros, taxes comprises, par objet, par an et par bénéficiaire. [...]

Revue fiduciaire Mensuel RF 1107 – (09/2019) – Dépenses liées au logement

§ 1734

La TVA qui a grevé les dépenses supportées par les entreprises pour assurer le logement de leurs dirigeants et de leur personnel est exclue du droit à déduction (CGI, ann. II art.206). [...]

Déductibilité de la TVA sur le gazole étendu à l'essence – Service-Public-Pro.fr

L'échéancier de mise en place de la déductibilité est le suivant :

	Extension du droit à déduction de la TVA sur le gazole grevant l'essence	
	Fraction de TVA déductible grevant l'essence	
À partir du	Véhicules ou engins exclus du droit à déduction	Autres véhicules
1er janvier 2017	10 %	0 %
1er janvier 2018	20 %	20 %
1er janvier 2019	40 %	40 %
1er janvier 2020	60 %	60 %
1er janvier 2021	80 %	80 %
1er janvier 2022	80 %	100 %

Revue fiduciaire – Dictionnaire comptable et financier – Février 2019

§ 85687 Véhicules de transport de personnes

[...] Pas de déduction de la TVA. Les entreprises autres que les entreprises de transport public de voyageurs ou de location, qui utilisent des véhicules conçus pour le transport des personnes ou à usage mixte [...], ne peuvent pas déduire la taxe facturée, quel qu'en soit le taux. Il en est de même des éléments constitutifs, des pièces détachées et des accessoires de ces véhicules. [...]

ÉLÉMENTS INDICATIFS DE CORRIGÉ - BTS COMPTABILITÉ ET GESTION
CAS FIDEC - FORE PF

MISSION 1 - OPÉRATIONS COURANTES

MISSION 1-A – Comptabilisation des factures en attente

Journal	Date	Compte Général	Compte Tiers	Libellé	Débit	Crédit
ACH	20/12/19	622600		Facture n° 16F502 de Geoneconcept	186,30	
		445661		Option sur les débits	37,26	
		401000	FRGEO			223,56
ACH	20/12/19	607101		Facture n° 48569 de Gebruder	1 610,00	
		401000	FRGEB			1 610,00
		445662		TVA intracommunautaire 1610*20%	322,00	
		445220				322,00
ACH	20/12/19	607101		Facture n° 1458 de Pantar (1)	1 701,00	
		624100			120,00	
		445661			357,40	
		409600			50,00	
		765000				34,02
		401000	FRPAN			2 194,38
ACH	27/12/19	401000	FRPAN	Facture d'avoir n°157 de Pantar	50,00	
		409600				50,00

(1) L'enregistrement dans le compte d'achat du net financier est accepté (607101 débité pour 1 666,98 et 765 absent)

MISSION 1-B – Vérification de la facture d'avoir AV 258

Éléments de forme :

- Courriel avec mentions attendues (date, émetteur, destinataire, objet, signature)
- Qualité rédactionnelle : rédaction professionnelle et vocabulaire adapté.

De	assistant@FIDEC.fr
À	dupuis@FIDEC.fr
Date	20 janvier 2020
Objet	Régularisation ristourne décembre 2019 FORE PF - SOTERRE

Bonjour,

J'ai effectué les contrôles demandés au sujet de la ristourne attribuée par le fournisseur SOTERRE.

Il apparait que l'avoir est effectivement erroné :

- la base de calcul de la ristourne a été retenue pour le montant brut et non pour le montant net soit 21 800 € (23 000 – 1 200) ;
- le calcul de la ristourne n'a pas été fait par tranches.

Après calcul, le montant correct de la ristourne est de 472,00 euros HT. En voici les détails :

T1 : <=5000€	0.00
T2 : (10 000 – 5 000) * 2 % =	100,00
T3 : (20 000 – 10 000) * 3 % =	300,00
T4 : (21 800- 20 000) * 4 % =	72,00
Total ristourne HT =	472,00
TVA 20 % =	94,40
Net à déduire TTC =	566,40

Il convient d'avertir notre client FORE PF afin qu'il demande à son fournisseur SOTERRE une facture rectificative.

Cordialement

Assistant comptable

MISSION 2 – GESTION SOCIALE

MISSION 2-A : Vérification des lignes dédiées aux CP

Justification l'existence des trois lignes dédiées aux congés payés dans le bulletin

Ligne « absence pour congés payés du 07 décembre au 15 décembre inclus »

Tout congé pris par un salarié donne lieu à une retenue et donc une perte de salaire

Ligne « Indemnité de congés payés - maintien du salaire »

L'indemnité de congés payés compense la perte

Ligne « Régularisation de congés payés période 2018-2019 »
M Coulé ayant pris tous ses congés 2018-2019, une régularisation s'impose.
L'employeur doit retenir la solution la plus avantageuse pour M. Coulé.

Contrôle des montants des 3 lignes.

Ligne « absence pour congés payés du 07 décembre au 15 décembre inclus »

M Coulé a pris des congés du 7 décembre au 15 décembre.

Le décompte des jours pour absence lors de congés payés se fait en jours ouvrés donc pour une semaine de congés cela équivaut à 5 jours ouvrés.

L'entreprise calcule les retenues pour absences selon la méthode des jours ouvrés. M. Coulé a bien été absent 5 jours ouvrés (du 09 au 13 décembre).

Pour le mois de décembre, on retient 21 jours ouvrés d'où une retenue pour absence en jours ouvrés de 2 508,62 x 5 / 21 = **597,29**

Ligne « Indemnité de congés payés - maintien du salaire »

L'entreprise pratique la méthode du maintien du salaire lors de chaque prise de congés du salarié. Donc pour décembre, l'ICP correspond au montant de la retenue pour absence = **597,29**

Ligne « Régularisation de congés payés période 2018-2019 »

M Coulé ayant pris tous ses congés 2018-2019, il faut donc vérifier la règle du maintien par rapport à la règle du dixième.

Montant ICP totale versée :
ICP versée avant le CP de décembre :	2 986,51 €
ICP du mois de décembre :	597,29 €
Soit une ICP du fait du maintien de son salaire de :	3 583,80 €

Méthode du dixième : le salarié a droit à une ICP égale au dixième de la rémunération brute perçue durant la période de référence c'est à dire 36 882,50 € x 10 % = 3 688,25 €
Comparaison :
Montant ICP 1/10ème :	3 688,25 €
Montant ICP maintien :	3 583,80 €
Donc reliquat à verser au salarié de   **104,45 €**

MISSION 2-B : REQUETE SQL

SELECT SUM(montant_brut) AS CUMUL_BRUT_REFERENCE

FROM BULLETIN

WHERE matricule = « AM11 »

AND *Code_*Periode >=06-2018 AND *Code_*Periode =<05-2019

L'utilisation de la table SALARIE n'est pas obligatoire et dans ce cas la jointure est inutile.

Possibilité d'utiliser Code_Periode BETWEEN 06-2018 AND 05-2019

L'alias (AS …..) n'est pas exigé

Autre possibilité :

SELECT SUM(montant_brut) AS CUMUL_BRUT_REFERENCE

FROM BULLETIN, SALARIE

WHERE BULLETIN.matricule = SALARIE.matricule

AND Nom_De_Naissance = « Coulé » AND Prenom = « Damien »

AND *Code*_Periode >=06-2018 AND *Code*_Periode =<05-2019

Ne pas pénaliser une jointure supplémentaire avec la table PERIODE.

MISSION 3 – GESTION FISCALE

Pièce comptable	Règle de déductibilité	Montant de TVA non déductible
Facture BOB PECHE	Il s'agit de dépenses somptuaires donc exclues du droit à déduction. La TVA n'est donc pas déductible.	240,00
Hôtel BELNUIT	Il s'agit ici de dépenses supportées pour assurer le logement du personnel pour lesquelles la TVA n'est pas déductible.	13,64
Station Hyper U	Les dépenses concernent l'achat d'essence pour un véhicule de tourisme, donc un véhicule particulier. Pour l'année 2019, Le taux de déduction est de 40 % soit 14 x 0,40 = 5,60 euros La charge est donc de 78,40	14 * 0,6 = 8,40
Facture Pneus 33	Il s'agit d'achat de pneus donc d'accessoires pour un véhicule de tourisme exclu du droit à déduction en matière de TVA.	68,00
Club de sport	Cette dépense est à caractère personnel puisqu'elle concerne Paul Martin. Elle ne répond pas aux besoins de l'exploitation. La TVA est non déductible.	70,00
Facture tradition GERS	Les dépenses concernées effectuées dans l'intérêt de l'entreprise et sont destinées à des cadeaux à la clientèle et au personnel : • des cadeaux pour les salariés: il convient de s'assurer que le prix TTC n'excède pas 69 € TTC ; le prix TTC est de 70 x 1,20 = 84 € ; ces dépenses sont donc exclues du droit à déduction • Des cadeaux à la clientèle : La règle est identique, il convient de s'assurer que le prix TTC n'excède pas 69 € TTC ; le prix TTC est de 85 x 1,20 = 102 € ; ces dépenses sont donc exclues du droit à déduction	70 * 20% * 7 = 98,00 85 * 20% * 10 = 170,00 TOTAL = 268,00

MISSION 4 – TRAVAUX D'INVENTAIRE

- *d'expliquer l'objectif des écritures d'extourne (ou contrepassation) enregistrées à la date du 01/01/2019 présentes dans les comptes 615520 et 622600 ;*

L'extourne pratiquée à l'ouverture de l'exercice concerne les opérations de charges constatées d'avance et les charges à payer de l'exercice 2018. L'extourne permet
- d'affecter à l'exercice 2019 la partie des charges constatées d'avance en 2018,
- et d'enlever la charge à payer des comptes de 2019, car elle concerne l'exercice précédent soit 2018.

(Cela permet en outre de solder les comptes de régularisation qui ont été repris dans les a-nouveaux d'ouverture de l'exercice 2019.)
On acceptera toute réponse justifiant l'annulation de l'écriture d'inventaire. La référence au principe comptable n'est ici pas exigée.

- *justifier ces dernières écritures en référence aux règles et principes comptables ;*

Compte	Justification de l'écriture
615520 maintenance	Le contrat court du 01/12/2018 au 30/11/2019. Il a été enregistré dans le compte, pour 825,00 € et 11 mois concernent l'exercice suivant, il s'agit d'une CCA Une écriture de régularisation est nécessaire en application de **la règle d'indépendance des exercices.**

Compte	Justification de l'écriture
622600 honoraires	Les honoraires du cabinet pour les travaux réalisés en 2019 n'ont pas été facturés et ils sont identiques à ceux de l'exercice précédent (2018) pour 3 100,00 €. Il s'agit d'un FNP pour le montant HT et la TVA est évaluée à 3 100 * 20% = 620,00. Une écriture de régularisation est nécessaire en application de **la règle d'indépendance des exercices.**

- *comptabiliser et détailler les calculs des écritures d'inventaire en respectant la procédure décrite dans le processus « Cycle de révision du cabinet » ;*

Ecritures relatives aux stocks :

Journal	Date	Comptes général	Comptes tiers	Libellé de l'opération	Débit	Crédit
CLO	31/12/2019	603700		Annulation stock initial	85 918,12	
		370000				85 918,12
CLO	31/12/2019	370000		Constatation stock final cf état des stocks vérifié	92 761,02	
		603700				92 761,02
CLO	31/12/2019	397000		Reprise provision dépréciation stocks devenu sans objet	1 205,00	
		781730				1 205,00

Ecritures relatives aux charges constatées d'avance et factures non parvenues :

Journal	Date	Comptes		Libelle de l'opération	Débit	Crédit
		général	tiers			
CLO	31/12/2019	486000		CCA 2019	756,25	
		615520				756,25
825 * 11/12 = 756,25						

Journal	Date	Comptes		Libelle de l'opération	Débit	Crédit
		général	tiers			
CLO	31/12/2019	622600		FNP 2019 (2 800 + 300)	3 100,00	
		445860		3 100 * 20% = 620,00	620,00	
		408100				3 720,00
On acceptera deux écritures (2 800 et 300) avec la TVA correspondante.						

- *expliquer votre analyse au 31 décembre 2019 au sujet du compte 616100 (assurances multirisques)*

La charge d'assurance concerne l'exercice 2019 pour sa totalité. Il n'y a donc aucune régularisation à effectuer.

BREVET DE TECHNICIEN SUPÉRIEUR
COMPTABILITÉ ET GESTION

ÉPREUVE U41

ÉTUDE DE CAS

SESSION 2020

Durée : 4 heures

Coefficient 6

Matériel autorisé :

L'usage de calculatrice, avec mode examen actif est autorisé.
L'usage de calculatrice sans mémoire, « type collège » est autorisé.

Document autorisé :

Liste des comptes du plan comptable général, à l'exclusion de toute autre information.

Dès que le sujet vous est remis, assurez-vous qu'il est complet.

Le sujet comporte 17 pages, numérotées de 1/17 à 17/17.

CG41ETC

ÉPREUVE E41- Étude de cas

Le sujet se présente sous la forme de 4 missions indépendantes

Page de garde		p.1
Présentation générale de l'entreprise		p.2 à 4
MISSION 1 : Gestion comptable des opérations courantes	(45 points)	p.5
MISSION 2 : Gestion sociale	(22 points)	p.5
MISSION 3 : Révision des comptes	(35 points)	p.5
MISSION 4 : Gestion fiscale	(18 points)	p.5

ANNEXES
A- Documents comptables, financiers, fiscaux et sociaux associés à la situation

MISSION 1 : Gestion comptable des opérations courantes – Annexes A1 et A2   p.6 à 9
MISSION 2 : Gestion sociale – Annexes A3 à A7   p.10 et 11
MISSION 3 : Révision des comptes – Annexes A8 à A11   p.11 à 13
MISSION 4 : Gestion fiscale – Annexes A12 et A13   p.13

B- Extraits issus de la réglementation comptable, fiscale sociale en vigueur

MISSION 2 : Annexe B1 (Documentation sociale)   p.14 à 15
MISSION 3 : Annexe B2 (Documentation comptable)   p.15
MISSION 4 : Annexe B3 (Documentation fiscale)   p.15 à 16

C- Annexe à rendre avec la copie

MISSION 1 :   Annexe C1 p.17

Les annexes à rendre sont fournies en un exemplaire. Il ne sera pas distribué d'exemplaires supplémentaires.

AVERTISSEMENTS

Il vous est demandé d'apporter un soin particulier à la présentation de votre copie. Toute information calculée devra être justifiée et les démarches devront être clairement décrites.

Les enregistrements comptables devront être présentés de façon structurée et indiquer les informations suivantes :
- Pour l'ensemble de l'opération : la date, le code journal et le libellé de l'opération,
- Pour chaque ligne de l'opération : le N° de compte général, le N° de compte de tiers (le cas échéant) et le montant « débit » ou « crédit ».

Si le texte du sujet, de ses questions ou de ses annexes, vous conduit à formuler une ou plusieurs hypothèses, il vous est demandé de la (ou les) mentionner explicitement dans votre copie.

Présentation générale de la situation professionnelle

Vous venez d'être embauché comme comptable dans l'entreprise **DÉCAP'TOUT**.
DÉCAP'TOUT est une SAS (Société par Actions Simplifiée) créée le 3 janvier 2019 par Stéphanie Rousseau, Présidente, et Elias Rahmati, tous les deux associés.

Cette société, implantée à Saint-Quentin dans l'Aisne, a une **double activité** :

- **prestation de services** : décapage d'objets en bois (meubles, fenêtres, volets...) ou en métal (radiateurs, …).
- **vente de meubles restaurés** : S. Rousseau achète des meubles dans les brocantes et vide-greniers, qu'elle répare avant de les mettre en vente.

S. Rousseau exerçait cette double activité depuis 2012 sous le statut d'auto entrepreneur. Elle a dû envisager une évolution de la structure juridique du fait d'une augmentation importante de son chiffre d'affaires au cours de l'année 2018. Après plusieurs rendez-vous à la chambre des métiers, S. Rousseau a donc décidé de transformer son entreprise individuelle en Société par Actions Simplifiée (SAS) à compter du 3 janvier 2019, en s'associant à E. Rahmati.

Dénomination sociale	SAS DÉCAP'TOUT
Siège social	22, boulevard Henri Martin 02 100 SAINT-QUENTIN
Régime fiscal • TVA • Taux de TVA • Imposition	• Régime du réel simplifié, pas d'option pour la TVA sur les débits • Taux normal 20 % • Impôt sur les sociétés, régime réel d'imposition
Date de création de la SAS	3 janvier 2019
Capital	• Capital total 25 000 € dont 5 000 € restant à libérer le 3 avril 2020 • 1 250 actions de valeur nominale 20 €
Exercice comptable	Date de clôture au 31 décembre
Effectif : 3 salariés	• S. Rousseau, Présidente de la SAS : responsable des ventes (devis, prospection de marchés, conclusion des contrats) et des livraisons. • R. Lesueur, embauché depuis 5 mois à temps plein (35 h/semaine), est ouvrier spécialisé en décapage et peinture. • Vous-même, comptable à temps partiel (24h/semaine) : envoi des devis, établissement des factures, classement et enregistrement des pièces comptables, comptabilisation des opérations d'inventaire et révision comptable.

Organisation comptable

La société **DÉCAP'TOUT** fait appel au cabinet d'expertise-comptable EXPERTCG notamment pour l'établissement des différentes déclarations fiscales et sociales, et des documents de synthèse.

La lettre de mission définit les tâches à réaliser par le cabinet d'expertise-comptable :
- Constitution du dossier permanent client ;
- Établissement des bulletins de paie et de la Déclaration Sociale Nominative ;
- Établissement de la déclaration fiscale annuelle au titre de l'Impôt sur les Sociétés ;
- Établissement des déclarations de TVA ;
- Dépôt des liasses fiscales au Service des Impôts des Entreprises ;
- Conseils.

Le **PGI** qui est utilisé comporte les modules de gestion comptable, paie et gestion des immobilisations. Il permet la transmission du fichier des écritures comptables au cabinet EXPERTCG.

Journaux utilisés

Code	Intitulé
AC	Achats de biens et services
VT	Ventes de biens et services
CA	Caisse
BQSG	Banque Société Générale
BQCM	Banque Crédit Mutuel
IMMO	Immobilisations
OD	Opérations Diverses

Extrait du plan de comptes tiers

Les comptes tiers clients et fournisseurs sont constitués de cinq caractères alphabétiques correspondant aux cinq premières lettres de leur dénomination sociale. Ils sont rattachés aux comptes généraux 411000 Clients, 401000 Fournisseurs et 404000 Fournisseurs d'immobilisations.

411000 Clients	
BENSO	BEN SOUSSAN Samira
CARET	CARETTE Germain
DESCH	DESCHAMPS Claire
DOSSA	DOS SANTOS Benoîte
DUSSA	Cabinet DUSSARD
FERNA	FERNANDEZ Antonio
GRAND	Ets GRANDIN
HUTIN	HUTIN Dominique
LANGL	LANGLET Antoine
LEFEV	LEFÈVRE Romain
PICAR	PICARD Damien
ROUSS	ROUSSEAU Herbert

401000 Fournisseurs	
MACIF	Assurances MACIF
FORD	Garage Mercier Concession FORD
SEVER	SEVERIN Arnaud
AERO+	AERO+
MAEST	Peinture MAESTRIA
JEFCO	JEFCO
LEROY	LEROY MERLIN
BOUYG	BOUYGUES TELECOM
EXPER	EXPERTCG Cabinet d'expertise
ENGIE	ENGIE
404000 Fournisseurs d'immobilisations	
ATOUT	ATOUT PC

Plan comptable de l'entreprise

L'entreprise utilise les comptes du Plan Comptable Général (comptes à 6 chiffres) ainsi que les comptes spécifiques suivants :

311100	Stocks peinture
311110	Stocks sous couche universelle
311300	Stocks vernis finition
322320	Stocks décapant sable
322330	Stocks décapant végétal
355100	Stocks meubles restaurés
445800	État -TVA à régulariser
467001	Comptes tiers divers – Maitre SIMON
512100	Société Générale
512200	Crédit Mutuel

601010	Achats meubles bruts
601110	Achats peinture
601111	Achats sous couche universelle
601130	Achats vernis finition
602232	Achats décapant sable
602233	Achats décapant végétal
701100	Ventes de meubles restaurés
706100	Prestations de décapage et de mise en peinture
708500	Frais de port facturés

Procédures comptables de l'entreprise :

Les devis et les factures de ventes sont élaborés sur tableur, car chaque vente est unique (prestation et vente de meuble restauré) et nécessite l'expertise de S. Rousseau.

Les factures de ventes sont enregistrées dans le module comptable du PGI. Les frais de livraisons sur ventes sont comptabilisés dans le compte 708500 – Frais de port facturés.

Les factures d'achats sont enregistrées à leur date de réception dans le module comptable. Un numéro d'ordre leur est attribué, dès leur réception, selon la forme suivante : MMAA + n° d'ordre (MM = Mois, AA = Année).

L'entreprise a transmis à chacun de ses fournisseurs son numéro de TVA intra-communautaire.

Les frais accessoires sur achats sont enregistrés dans les comptes de charges par nature.

Les frais de constitution sont enregistrés selon la méthode de référence dans les comptes de charges appropriés.

Vous êtes comptable au sein de la société DECAP'TOUT et vous réalisez les différentes missions décrites ci-après.

Vous disposez de l'adresse électronique suivante : comptable.decaptout@gmail.fr (**dans toutes les correspondances, vous vous identifierez comme "comptable", afin de respecter l'anonymat de votre copie**).

MISSION 1 : Gestion comptable des opérations courantes
Annexes A1 et A2
Annexe C1 *(à rendre avec la copie)*

S. Rousseau vient de vous confier quelques pièces comptables datant de février 2020.

Mission 1-A.

Procéder aux enregistrements des factures d'achats et de ventes pour le mois de février 2020.

Les frais de livraison facturés aux clients sont calculés à l'aide d'un algorithme. S. Rousseau souhaite introduire de nouvelles conditions de facturation de ces frais.

Mission 1-B.

Adapter l'algorithme existant aux nouvelles conditions de facturation des frais de livraison mentionnées dans le courriel. (Annexe C1 à rendre avec la copie)

MISSION 2 : Gestion sociale
Annexes A3 à A7
Annexe B1

S. Rousseau vous a transmis un mémo concernant le salarié R. Lesueur. Diverses questions d'ordre social y sont abordées : congés payés, absence pour maladie, absence pour formation.

Rédiger un courriel adressé à S. Rousseau afin de répondre à ses interrogations au sujet des absences de R. Lesueur.

MISSION 3 : Révision des comptes
Annexes A8 à A11
Annexe B2

Fin février 2020, vous procédez à la révision des comptes de l'exercice 2019.

Mission 3-A.

Calculer et enregistrer les dépréciations nécessaires concernant les stocks ;
Analyser la situation des comptes clients puis effectuer les calculs et enregistrements comptables que vous jugerez utiles au 31 décembre 2019.

S. Rousseau s'interroge sur les montants de l'extrait de balance éditée au 28 février 2020, concernant les écritures de constitution de la SAS.

Mission 3-B.

Justifier à l'aide des statuts, les soldes des comptes non soldés de la balance.
Comptabiliser la régularisation nécessaire au 31/12/2019 concernant les honoraires.

MISSION 4 : Gestion fiscale
Annexes A12 et A13
Annexe B3

Le 2 mars 2020, S. Rousseau vous a adressé un mail avant de partir, vous confiant une mission fiscale.

Répondre aux interrogations de S. Rousseau relatives à l'impôt sur les sociétés.

A- Documents comptables, financiers, fiscaux et sociaux associés à la situation

Annexe A1 : Factures de février 2020 non encore comptabilisées

---

DÉCAP'TOUT

22, bd Henri Martin
02100 Saint-Quentin
Tél : 03.23.58.62.01

Mme BEN SOUSSAN Samira
2 avenue des peupliers
02100 Saint-Quentin

FACTURE N°505

Le 13/02/2020

Description	Montant HT	TVA 20 %	Montant TTC
Vente d'une table restaurée Franco de port	400,00	80,00	480,00
Total	400,00	80,00	480,00

Conditions de règlement : Par chèque à réception de la facture

SA au capital de 25 000 € - FR 24 776 546 322

AERO+

rue Jules Vantieghem 42
B-7711 Mons
BELGIQUE
BE 0885472008

Reçue le 15/02/2020
N°022041

DÉCAP'TOUT
22 Bd Henri Martin
02 100 St Quentin
FR 24 776 546 322

Facture n° 0213567

Le 13/02/2020

	Unités	Qté	PU	Montant
Décapant sable	Sac de 25 kgs	5	20.74	103.70
Décapant végétal	Sac de 10 kgs	8	14.52	116.16
			Total HT en €	219.86
Mode de paiement :			TVA	0.00
à réception par virement bancaire.			**Total en €**	219.86

Annexe A1 (suite) : Factures de février 2020 non encore comptabilisées

DÉCAP'TOUT

22, bd Henri Martin
02100 Saint-Quentin
Tél : 03.23.58.62.01

Mme LANGLET Antoine
850 rue Camille Desmoulins
60200 Compiègne

FACTURE N°506

Le 19/02/2020

Description	Montant HT	TVA 20 %	Montant TTC
Vente d'une commode restaurée	870,00	174,00	1 044,00
Frais de livraison	80,00	16,00	96,00
Total	950,00	190,00	1 140,00

Conditions de règlement : Par chèque à réception de la facture

SA au capital de 25 000 € - FR 24 776 546 322

GARAGE Mercier
Concessionnaire Ford

817, avenue de la République 59 300 Valenciennes
Tél : 03 42 18 76 77

SAS au capital de 152 449 euros - TVA intra FR10 308 104 336 - Siret : 308 104 336 000 67- Ape : 4511Z

Date : Le 23/02/2020

Reçue le 26/02/2020
N°022042

DÉCAP'TOUT
22, bd Henri Martin
02100 Saint-Quentin

FACTURE N°3365

Marque	Type	Châssis	Mise en circulation	Immatriculation	Kms
Ford	10712610	JTDKN36U005042788	28/11/2017		

Référence	Libellé	Code TVA	PU net HT
MI8208	Pneu Michelin Agilis + 215/65 R16C	2	110,32
FORPN	Forfait pose	2	25

Intervention sur le véhicule utilitaire Ford Transit	Total HT	135,32
TVA acquittée sur les débits	Remise 5%	6,77
	Total net HT	128,55
	TVA	25,71
Règlement au 31/03/2020	Net à payer	154,26

Annexe A1 (suite) : Factures de février 2020 non encore comptabilisées

ATOUT PC
58 route du Château d'eau

59400 CAMBRAI

Reçue le 27/02/2020
N°022043

FACTURE N°2831

DÉCAP'TOUT
22, bd Henri Martin
02100 Saint-Quentin

Cambrai, le 26 février 2020

Référence	Quantité	Désignation	Prix unitaire HT	Prix total HT
AS2846	1	Ordinateur multimédia ASUS	649,00	649,00
PAPA4	10	Ramette papier blanc 80g	2,08	20,80
Inst	1	Installation sur site	70,00	70,00
		Total HT		739,80
		Remise 5 %		36,99
		Total HT		702,81
		TVA 20 %		140,56
		Total TTC		843,37

Paiement comptant par chèque bancaire à réception de la facture.

DÉCAP'TOUT

22, bd Henri Martin
02100 Saint-Quentin
Tél : 03.23.58.62.01

Mme Claire DESCHAMPS
15, allée des marronniers
02100 Omissy

FACTURE N°507

Le 28/02/2020

Description	Montant HT	TVA 20 %	Montant TTC
Décapage de 5 meubles de cuisine, et remise en peinture	1 520,00	304,00	1 824,00
Acompte versé le 10/01/2020			- 547,20
Net à payer			1 276,80
Conditions de règlement : Par chèque à réception de la facture			
SAS au capital de 25 000 € - FR 24 776 546 322			

Annexe A2 : Courriel et sa pièce jointe envoyés par S. Rousseau

De	stephanie.rousseau@hotmail.fr	À	comptable.decaptout@gmail.fr
Date	28 février 2020		
Objet	Calcul des frais de livraison	PJ	Algo_frais_livraison.doc

Bonjour,

Nos frais de livraison sont facturés aller/retour.

Actuellement, les frais de livraison sur ventes dépendent du kilométrage : ils sont facturés 0,50 € du kilomètre parcouru lorsque la distance-aller est supérieure à 25 kilomètres. En dessous de cette distance, la livraison est considérée franco de port. Vous trouverez ci-joint l'algorithme existant.

À l'avenir, je souhaiterais que les frais soient ainsi facturés car certains meubles volumineux nécessitent la présence d'un second livreur :
- Si la distance-aller de livraison est supérieure à 25 kilomètres : 0,50 € par kilomètre parcouru sinon 0 € ;
- Supplément forfaitaire en cas de présence d'un second livreur :
   - ✓ 20 € lorsque la distance-aller est supérieure à 25 kms ;
   - ✓ Sinon 10 €.

J'ai commencé à apporter des modifications sur l'algorithme. Merci de poursuivre le travail.

S.R.

PIÈCE JOINTE : fichier Algo_frais_livraison.doc
Algorithme actuel de calcul des frais de livraison

```
Algo "Calcul frais de facturation"
Variables
kms : nombre de kilomètres à parcourir à l'aller
frais : frais de livraison

kms : entier
frais : monétaire

Début
'saisie des données
            Saisir "Saisissez la distance aller entre la société et le client", kms
'calcul des frais
      Si kms <= 25
         Alors frais ←         0
            Sinon frais        kms*2 * 0,50 €
         Finsi
'édition du résultat
      Afficher "Le montant des frais de livraison est de : ", frais
Fin
```

Annexe A3 - Mémo laissé par S. Rousseau

Le 28 février 2020,
Questions d'ordre social :

R. Lesueur s'est absenté pour maladie du jeudi 16 janvier 2020 au mercredi 22 janvier 2020 inclus. Il demande des explications.

Quel est l'impact de cette absence sur ses droits à congés payés, sachant qu'il a respecté les obligations prévues dans l'article 23 de la convention collective ?

Pourquoi y-a-t-il seulement 4 jours d'indemnisation portés sur son décompte CPAM ?

Comment a-t-on calculé la retenue pour absence maladie de 403,76 € portée sur son bulletin de salaire de janvier 2020 ?

J'envisage de faire bénéficier R. Lesueur d'une formation de perfectionnement à la technique de décapage du 6 au 10 avril 2020. Je m'interroge sur sa prime de régularité : sera-t-elle affectée par son absence pour formation ?

Merci de me répondre **par courriel en présentant pour chaque élément la réglementation sociale correspondante ainsi que les calculs nécessaires.**

Pour rappel, mon adresse de courriel : stephanie.rousseau@hotmail.fr.

Annexe A4 – Extrait du bulletin de salaire de R. Lesueur – Janvier 2020

DÉCAP'TOUT 22, bd Henri Martin 02 100 SAINT-QUENTIN			BULLETIN DE PAIE	
			Période du 01/01/2020 au 31/01/2020	
Cotisations à	URSSAF de Saint-Quentin		M. LESUEUR Jérôme 45 impasse des graviers 02 100 Saint-Quentin	
Convention collective	IDCC 1517			
Numéro de Sécurité Sociale	1 86 05 02 691 584 07			

Éléments de paie	Base	Taux	Retenue	Gain
Salaire de base	151.67	11.54		1 750.27
Prime de régularité	1 750.27	1.50 %		26.25
Retenue : Absence pour maladie du 16/01 au 22/01/2020	35.00 h		403.76	
Total brut				1 372.76

Le nombre total d'heures travaillées durant le mois de janvier est de **154 h**.

Annexe A5 – Décompte CPAM de R. Lesueur

CPAM de l'Aisne 29 boulevard Roosevelt 02 100 SAINT-QUENTIN		Avis de paiement n°	449210	
		M. LESUEUR Jérôme 45 impasse des graviers 02 100 Saint-Quentin		
Détail des prestations				
Date	Nature	Nombre Jours	IJSS	Montant
Du 16/01/2020 au 18/01/2020	Délai carence	3		
Du 19/01/2020 au 22/01/2020	Total IJSS	4	29.51	118.04
	CSG 9.2 %			10.86
	CRDS 0.5 %			0.59
			Total net dû	106.59
Réglé par virement bancaire le 05 février 2020				

Annexe A6 – Calendrier Janvier 2020

L	M	M	J	V	S	D
		1 *	2	3	4	5
6	7	8	9	10	11	12
13	14	15	16	17	18	19
20	21	22	23	24	25	26
27	28	29	30	31		

* Jour férié

Annexe A7 – Informations d'ordre social de la société DECAP'TOUT

- L'horaire de travail est de 7 heures par jour du lundi au vendredi.
- Le calcul des absences se fait selon la méthode des heures réelles.
- La société ne pratique pas le mécanisme de la subrogation.

Annexe A8 - Données d'inventaire

- **Dépréciations existantes en début d'exercice 2019**

  La société DECAP'TOUT ayant été constituée le 03 janvier 2019, il n'existe aucune dépréciation.

- **Les écritures de variation de stocks** (annulation de stock initial et constatation de stock final) ont déjà été comptabilisées.

- **Valeur des stocks au 31/12/2019**

Eléments	Stocks au 31/12/2019	
	Coût d'achat global (€)	Valeur actuelle (€)
Approvisionnements		
Stocks décapant sable	120	132
Stocks décapant végétal	260	235
Matières premières		
Stocks peinture	320	360
Stocks sous couche universelle	250	250
Stocks vernis finition	120	135
	Coût de production global (€)	Valeur actuelle (€)
Produits finis – Meubles restaurés		
- Commode	350	350
- Table basse blanche	280	200

Annexe A8 (suite) - Données d'inventaire

- **Extrait du tableau de suivi des en-cours clients au 31/12/2019**

Clients	Solde dû TTC	Observations	Mesures prises	Analyse au 31/12/19
FERNANDEZ Antonio	2 400 €	Chèque impayé Relevé bancaire SG n°123245 du 10/11/2019	Appels du 15/11, 24/11 : aucune réponse Courrier du 01/12/19 : aucun retour	Dépréciation estimée à 80 %
HUTIN Dominique	6 000 €	Demande d'échelonnement le 15/12/19	Accordée le 22/12/19	
PICARD Damien	1 200 €	Courrier Crédit Mutuel du 22/12/19 : insolvabilité	Aucune suite possible	Irrécouvrable

Annexe A9 - Extrait des statuts de la SAS DÉCAP'TOUT

Statuts signés le 03 Janvier 2019, par acte authentique auprès de Maître SIMON David, notaire à Saint-Quentin

[…] TITRE II APPORTS - CAPITAL SOCIAL - FORME DES ACTIONS - DROITS ET OBLIGATIONS ATTACHES AUX ACTIONS

Article 6 - Apports
Les soussignés ont fait les apports suivants à la société :

1. <u>Apports en numéraire</u>

Madame Rousseau Stéphanie, une somme en numéraire de cinq mille euros (5 000,00 €) versée :
 - pour moitié (soit 2 500 €) à la constitution de la société. Cette somme de 2 500 euros a été déposée le 03 Janvier 2019, chez Maître SIMON David, notaire, chargé de la création de l'entreprise.
 - le solde (soit 2 500 €) devant être libéré au plus tard le 03 avril 2020, sur le compte bancaire de la société.
En rémunération de l'apport en numéraire, madame Rousseau Stéphanie s'est vue attribuer 250 actions d'un montant de 20 € chacune.

Monsieur Rahmati Elias, une somme en numéraire de cinq mille euros (5 000,00 €) versée :
 - pour moitié (soit 2 500 €) à la constitution de la société. Cette somme de 2 500 euros a été déposée le 03 Janvier 2019, chez Maître SIMON David, notaire, chargé de la création de l'entreprise.
 - le solde (soit 2 500 €) devant être libéré au plus tard le 03 avril 2020, sur le compte bancaire de la société.
En rémunération de l'apport en numéraire, monsieur Rahmati Elias s'est vu attribuer 250 actions d'un montant de 20 € chacune.

2. <u>Apports en nature de biens divers</u>

- Apports en nature, madame Rousseau Stéphanie : quinze mille euros (15 000 €).

3. <u>Récapitulatif des apports</u>
- Apports en numéraire : dix mille euros (10 000 €)
    - Madame Rousseau Stéphanie : cinq mille euros (5 000 €)
    - Monsieur Rahmati Elias : cinq mille euros (5 000 €)
- Apports en nature, madame Rousseau Stéphanie : quinze mille euros (15 000 €).

Total des apports formant le capital social : vingt-cinq mille euros (25 000 €).

Annexe A10 - Opérations relatives au capital

- **Le 03 Janvier 2019**, chaque associé a déposé un chèque, chez le notaire Maitre Simon chargé de la création de l'entreprise, en règlement du minimum légal de son apport en numéraire.
- **Le 10 Janvier 2019**, le notaire a réalisé un virement sur le compte bancaire de la Société Générale correspondant à l'apport en numéraire libéré, déduction faite de ses honoraires (note de frais n° 1503 datée du 09/01/19 ; 800 € HT, TVA à 20 %). Cette note de frais n'a pas été enregistrée.

Annexe A11 - Extrait de balance issue du PGI

Date de tirage : 28/02/2020   Exercice du 03/01/2019 au 31/12/2019

N° de compte	Intitulé de compte	MOUVEMENTS Débit	MOUVEMENTS Crédit	SOLDES Débit	SOLDES Crédit
101100	Capital souscrit non appelé		5 000,00		5 000,00
101200	Capital souscrit appelé non versé	20 000,00	20 000,00		
101300	Capital souscrit appelé versé		20 000,00		20 000,00
109000	Actionnaires – Capital souscrit non appelé	5 000,00		5 000,00	
...		...	...	...	...
456110	Associés – Apports en nature	15 000,00	15 000,00		
456151	S. Rousseau – Apports en numéraire	2 500,00	2 500,00		
456152	E. Rahmati – Apports en numéraire	2 500,00	2 500,00		
...		...	...	...	...
467001	Comptes tiers divers – Maitre SIMON	5 000,00	4 040,00	960,00	
...		...	...	...	...

Annexe A12 – Courriel envoyé par S. rousseau

De	stephanie.rousseau@hotmail.fr	À	comptable.decaptout@gmail.fr
Objet	Echéancier fiscal - IS	Date	02 mars 2020

Bonjour,

En tant que société nouvellement constituée, nous sommes maintenant soumis à l'impôt sur les sociétés.
- Pouvez-vous évaluer le montant de l'IS dû au titre de l'année 2019 et sa date limite de paiement à l'aide des données fiscales transmises par le collaborateur ?

Je m'interroge sur le prochain exercice comptable car notre capital sera alors entièrement libéré.
- Notre taux d'imposition sera-t-il le même ?
- Pouvez-vous procéder à une simulation sur le montant de l'IS en vous basant sur les données fiscales de 2019. Est-ce à notre avantage ?

Merci de laisser sur mon bureau les éléments de réponse chiffrés, avec vos explications, afin que je puisse comprendre votre analyse.

Je vous souhaite une bonne journée.
S.R.

Annexe A13 - Données fiscales 2019 transmises par le cabinet EXPERTCG

- Résultat fiscal 2019 : 43 000 €,
- Chiffre d'affaires 2019 : 365 000 €,
- Aucun acompte versé durant 2019,
- Montant de la réduction d'impôt imputable à l'IS 2019 suite au don effectué à une association sportive de Saint QUENTIN : 500 €,
- Aucune plus-value à long terme n'a été réalisée au cours de l'année 2019.

B- Extraits issus de la réglementation comptable, fiscale et sociale en vigueur

Annexe B1 – Documentation sociale

EXTRAIT DE LA CONVENTION COLLECTIVE IDCC 1411

Congés payés - Article 21 - En vigueur étendu

Les congés payés sont calculés et indemnisés conformément à la réglementation en vigueur et aux dispositions particulières contenues dans les annexes de catégories. Outre les cas prévus par les textes, sont assimilées à un temps de travail effectif pour le calcul des congés les absences pour maladie ou accident justifiées dans les conditions prévues à la présente convention, dans la limite d'une durée totale de deux mois.

Absences et maladie - Article 23 - En vigueur étendu

Tout salarié absent, sauf force majeure, doit avertir son employeur le plus tôt possible dans la journée. En cas de maladie ou d'accident, il doit faire parvenir à son employeur, au plus tard dans les 3 jours de l'arrêt, un certificat médical justificatif. Tout manquement à ces obligations constitue une faute pouvant entraîner une sanction disciplinaire. […]

Prime de régularité - Article 35 - En vigueur étendu

1. Il est accordé à tout salarié une prime mensuelle de régularité proportionnelle au temps de travail effectif et calculée selon les modalités suivantes : cette prime est calculée sur la base de 1.5 % du salaire réel du mois.

2. Sont considérés comme du temps de travail effectif pour lequel la prime est rémunérée intégralement :
   - les congés payés ;
   - les jours de RTT ;
   - le droit d'expression ;
   - les heures de délégation ;
   - le CPF (compte personnel de formation) pendant le temps de travail ;
   - les visites médicales obligatoires ;
   - les jours fériés chômés et payés ;
   - le congé de formation économique du comité d'entreprise ;
   - le congé formation des membres du CSE ;
   - la formation à l'initiative de l'employeur ;
   - les absences autorisées pour assister aux commissions paritaires nationales et aux formations dans le cadre du congé de formation économique, sociale et syndicale.

EXTRAIT DU DICTIONNAIRE SOCIAL – REVUE FIDUCIAIRE

En cas d'absence - Le salaire étant la contrepartie de la prestation de travail, l'employeur peut, en cas d'absence et sauf disposition légale ou conventionnelle contraire, opérer une retenue sur salaire. L'employeur doit opérer sur le salaire une retenue exactement proportionnelle à la durée de l'absence.

Formules synthétiques de calcul des retenues

Méthode validée par la jurisprudence (horaire mensuel réel)
R = (salaire mensuel × heures d'absence) horaire réel de travail du mois
Méthodes fondées sur des moyennes mensuelles
Horaire mensuel : R = (salaire mensuel × heures d'absence) horaire mensuel moyen (a)
Jours ouvrés : R = (salaire mensuel × jours ouvrés d'absence) 21,67 (b)
Jours ouvrables : R = (salaire mensuel × jours ouvrables d'absence)/26
Jours calendaires : R = (salaire mensuel × jours calendaires d'absence)/30
Autres méthodes réelles (décomptes par journée)
Jours ouvrés : R = (salaire mensuel × jours ouvrés d'absence) nombre de jours ouvrés du mois
Jours ouvrables : R = (salaire mensuel × jours ouvrables d'absence) nombre de jours ouvrables du mois
Jours calendaires : R = (salaire mensuel × jours calendaires d'absence) nombre de jours calendaires du mois
R = Retenue.
(a) À 35 h par semaine correspond une moyenne de 151,67 h par mois.
(b) Montant non arrondi pour une durée du travail répartie sur 5 jours travaillés (5 × 52/12). Si l'horaire est réparti sur 6 jours ouvrables, un mois moyen comporte 26 jours ouvrés.

Annexe B1 (suite) – Documentation sociale

EXTRAIT DU MEMENTO PRATIQUE SOCIAL FRANCIS LEFEBVRE

§ 50365 – Délai de carence :

Les indemnités journalières sont dues pour chaque jour, ouvrable ou non, d'interruption de travail, mais seulement à partir du 4ᵉ jour de l'incapacité de travail. Sauf en cas d'affection de longue durée (ALD), le délai de carence de 3 jours est appliqué, en cas d'arrêts de travail successifs, à chacune des périodes d'incapacité.

Annexe B2 – Documentation comptable

EXTRAIT DU MEMENTO PRATIQUE COMPTABLE FRANCIS LEFEVRE 2019

Article 2327 – II. Comptabilisation des frais de constitution, de transformation et de premier établissement

[...] Ils sont (C.com.art. R 123-186 et PCG, art. 212-9) :
- Soit comptablisés directement en charges de la période (méthode de préférence) ;
- Soit comptabilisés à l'actif [...]

Annexe B3– Documentation fiscale

EXTRAITS MEMENTO FISCAL LEFEBVRE 2019 -

§ 36085 - Taux normal

Le taux normal de l'impôt sur les sociétés concerne tous les bénéfices et plus-values imposables qui ne peuvent prétendre à l'application de l'un des dispositifs d'imposition atténuée mentionnés ci-après au § 36085.

Pour les exercices ouverts à compter du 1er janvier 2019, il est fixé pour toutes les entreprises à 28 % dans la limite de 500 000 € de bénéfice imposable par période de douze mois et à 31 % au-delà de cette limite.
[...]

§ 36085 - Taux réduit en faveur des PME

Les petites et moyennes entreprises bénéficient de plein droit d'un taux réduit de **15%** sur une fraction de leur bénéfice.

Le montant du **bénéfice** imposable au taux de 15 % est limité à 38 120 € par période de douze mois.
[...]

§ 36090 – Peuvent bénéficier du taux réduit l'ensemble des personnes morales passibles de l'impôt sur les sociétés de plein droit ou sur option [...].

La mesure s'adresse aux PME qui réalisent au cours de l'exercice ou de la période d'imposition un **chiffre d'affaires** hors taxe, [...], inférieur à 7 630 000 €. S'il s'agit de société, le **capital** doit en outre être entièrement libéré à la clôture de l'exercice (ou de la période d'imposition) concerné et détenu, de manière continue, pour 75 % au moins :
- par des personnes physiques ;
- ou par des sociétés dont le chiffre d'affaires est inférieur à 7 630 000 € et dont le capital, entièrement libéré, est directement détenu de manière continue pour 75 % au moins par des personnes physiques.

[...]

§ 36570 – Sociétés nouvelles ou nouvellement soumises à l'IS Les sociétés nouvelles […] sont dispensées du versement de tout acompte au cours de leur **premier exercice** d'activité ou de leur première période d'imposition à l'IS.
Au-delà de cet exercice (ou de cette période), ces sociétés sont, sauf exonération, redevables de l'impôt sur les sociétés dans les conditions de droit commun. Toutefois, il est admis qu'elle n'acquitte pas le **premier acompte** […]

§ 36640 – Tableau récapitulatif des échéances d'IS
Pour les sociétés dont l'exercice comptable correspond régulièrement à une période de douze mois, le tableau ci-après récapitule, en fonction de la date de clôture des exercices, l'ordre et la date des versements des quatre acomptes et du solde de liquidation.

Date de clôture des exercices	Date limite de paiement				Solde de liquidation
	1er acompte	2e acompte	3e acompte	4e acompte	
…	…	…	…	…	…
31 déc.	15 mars	15 juin	15 sept.	15 déc.	15 mai

ANNEXE À RENDRE AVEC LA COPIE

ANNEXE C1 - Algorithme à compléter *(à rendre avec la copie)*

Nouvel algorithme de "Calcul frais de livraison"
Variables
kms : nombre de kilomètres à parcourir à l'aller
frais : frais de livraison
nbliv : nombre de livreur

kms : entier
frais : monétaire
nbliv : entier

Début
'saisie des données
              Saisir "Saisissez la distance aller entre la société et le client", kms

'calcul des frais

'édition du résultat
        Afficher "Le montant des frais de livraison est de : ", frais
Fin

ÉLÉMENTS INDICATIFS DE CORRIGÉ - E41 Étude de cas - CAS DÉCAP'TOUT

MISSION 1 : Gestion comptable des opérations courantes

1-A Procéder aux enregistrements des factures d'achats et de ventes pour le mois de février 2020.

Journal	Date	N° cpte général	N°cpte tiers	Libellé de l'opération	Débit	Crédit
VT	13/02	411000	BENSO	FACT N°505	480,00	
		701100				400,00
		445710				80,00
AC	15/02	602232			103,70	
		602233			116,16	
		445660		219,86 x 0.20	43,97	
		445200				43,97
		401000	AERO+	FACT N°022041		219,86
VT	19/02	411000	LANGL		1 140,00	
		701100				870,00
		708500				80,00
		445710		FACT N°506		190,00
AC	26/02	615000		135.32 x 0.95	128,55	
		445660			25,71	
		401000	FORD	FACT N°022042		154,26
IMMO	27/02	218310		(649+70) x 0,95	683,05	
		606400		20,80 x 0,95	19,76	
		445620		683,05 x 0,20	136,61	
		445660		19,76 x 0,20	3,95	
		404000	ATOUT	FACT N°022043		843,37
VT	28/02	411000	DESCH	FACT N°507	1 276,80	
		419100		(1)	547,20	
		706100				1 520,00
		445800				304,00

(1) Autre solution acceptable, la méthode n'étant pas décrite dans les procédures comptables (même si le compte 445800 figure dans les comptes spécifiques à DECAP'TOUT)

VT	28/02	411000	DESCH	FACT N°506	1276.80	
		419100			547.20	
		706100				1520.00
		445740				212,80
		445870		547,20/1,20*0.20		91,20

1-B *Adapter l'algorithme existant aux nouvelles conditions de facturation des frais de livraison mentionnées dans le courriel*

PROPOSITION 1 – *Entrée par le nombre de km*

```
Nouvel algorithme de "Calcul frais de livraison"
Variables
kms : nombre de kilomètres à parcourir à l'aller
frais : frais de livraison
nbliv : nombre de livreurs

kms : entier
frais : monétaire
nbliv : entier

Début
'saisie des données
        Saisir "Saisissez la distance aller entre la société et le client", kms
        Saisir "Saisissez le nombre de livreurs", nbliv
'calcul des frais
        Si kms <= 25
          Alors Si nbliv=1
                    Alors frais ⟵ 0
                Sinon frais    ⟵ 10
                    Finsi
          Sinon Si nbliv = 2
                    Alors frais ⟵ (kms*2*0,50) + 20
                Sinon frais    ⟵ (kms*2*0,50)
                    Finsi
        Finsi
'édition du résultat
        Afficher "Le montant des frais de facturation est : ", frais
Fin
```

PROPOSITION 2 - Entrée par le nombre de livreurs

```
Nouvel algorithme de "Calcul frais de livraison"
Variables
kms : nombre de kilomètres à parcourir à l'aller
frais : frais de livraison
nbliv : nombre de livreurs

kms : entier
frais : monétaire
nbliv : entier

Début
 'saisie des données
        Saisir "Saisissez la distance aller entre la société et le client", kms
        Saisir "Saisissez le nombre de livreurs", nbliv
 'calcul des frais
        Si nbliv = 1
            Alors Si kms <= 25
                    Alors frais ← 0
                  Sinon frais ← (kms*2*0,50)
                  Finsi
        Sinon Si kms > 25
                Alors frais ← (kms*2*0,50) + 20
              Sinon frais ← 10
              Finsi
        Finsi
 'édition du résultat
        Afficher "Le montant des frais de facturation est : ", frais
Fin
```

MISSION 2 : Gestion sociale

Rédiger un courriel adressé à S. Rousseau afin de répondre à ses interrogations au sujet des absences de R. Lesueur.

De	assistant.decaptout@gmail.fr
À	stephanie.rousseau@hotmail.fr
Le	28 février 2020
Objet	Votre demande de renseignements du 28 février

Bonjour,

Voici les éléments de réponse à vos questions d'ordre social :

1. Pour ce qui concerne l'absence pour maladie de R. Lesueur :

   - les congés payés ne seront pas réduits du fait de cette absence car selon l'article 21 de la CC les absences pour maladie sont assimilées à du temps de travail effectif.

   - Seulement 4 jours calendaires sont indemnisés car les trois premiers jours calendaires de l'arrêt de travail ne sont pas indemnisés (c'est le délai de carence). Les quatre jours suivants sont indemnisés, jours ouvrables ou non selon l'article 50365 du Memento Social FL : du dimanche 19 au mercredi 22 janvier.

   - La retenue pour absence apparaissant sur le bulletin de salaire a été calculée selon la méthode des heures réelles, méthode appliquée par l'entreprise :
     Absence sur 5 jours ouvrés soit 5 jours x 7 h = 35 h

     1750,27 + 26,25 = 1776,52 €
     (1776,52 x 35) / 154 = 403,76€
     35 h = nb d'heures réelles d'absence.
     154 = nb d'heures réelles du mois

2. Pour ce qui concerne l'absence pour formation : cela n'aura aucune incidence sur le calcul de la prime de régularité. En effet, cette période de formation est considérée comme du temps de travail effectif selon l'article 35 de la convention collective IDCC1517.

J'espère avoir répondu à votre demande.

Cordialement

L'assistant comptable

MISSION 3 : Révision des comptes

3-A. Calculer et enregistrer les dépréciations nécessaires concernant les stocks

Stocks : Dépréciation à constater :
- sur le stock décapant végétal (25 € = 260 - 235)
- sur les produits finis (80 € = 280 - 200)

Journal	Date	N° cpte général	N°cpte tiers	Libellé de l'opération	Débit	Crédit
OD	31/12/19	681730		Dépréciations Stocks approvisionnements et produits	105,00	
		392233				25,00
		395510				80,00

- *Analyser la situation des comptes clients puis effectuer les calculs et enregistrements comptables utiles ;*

Créances :

Nom Client	Créances au 31/12/19	Analyse
FERNANDEZ A.	2 400 €	La créance devient douteuse. Dépréciation à constater = (2 400 / 1,2) x 80 % = 1 600 €
HUTIN D.	6 000 €	Demande d'échelonnement accordée : RAF (accepter le passage en 416)
PICARD D.	1 200 €	Créance devenue irrécouvrable au cours de l'exercice

OD	31/12/19	416000	(1)	Clients douteux à l'inventaire	2 400,00	
		411000	FERNA			2 400,00
OD	31/12/19	681740		Dépréciation de la créance sur A Fernandez	1 600,00	
		491000				1 600,00
OD	31/12/19	654000		Perte sur créance irrécouvrable de D. Picard	1 000,00	
		445710	(2)		200,00	
		411000	PICAR			1 200,00

(1) Sans consigne dans les procédures comptables, il n'est pas imposé de créer un compte tiers rattaché au compte principal 416000
(2) Le compte 445510 sera accepté (au lieu du 44571)

3-B Justifier à l'aide des statuts, les soldes des comptes non soldés de la balance.

Selon les statuts, il apparait qu'une partie du capital n'a pas été appelée.
Comptes 101100 et 109000 :
- le montant de 5 000 € correspond aux apports en numéraire non appelés des associés S. Rousseau et E. Rahmati - Calcul : 2 x 2500 €
- Date de libération des apports le 1er mars 2020

Compte 101300 : montant 20 000€ correspond aux apports versés à la constitution de la société soit le 3 janvier 2019 :
- aux apports en nature de S. Rousseau 15 000 €
- aux apports en numéraire de S. Rousseau et E Rahmati pour 2 x 2500€
- Calcul : 15 000 € + 5 000 €

Compte 467001 – montant 960 €
A la constitution de la société, les apports ont été versés chez le notaire, Me Simon qui a retenu des honoraires d'un montant de 800 € HT soit 960 TTC, le 10 janvier 2019.

Comptabiliser la régularisation nécessaire en date du 31 décembre 2019.

OD	31/12/19	622600		Honoraires du notaire	800,00	
		445660		Note N° 1503 du 09/01/19	160,00	
		467001				960,00

MISSION 4 : Gestion fiscale

Répondre aux interrogations de S. Rousseau relatives à l'impôt sur les sociétés.

1- Montant de l'IS dû au titre de l'exercice 2019

La société SAS DECAP'TOUT ne peut pas bénéficier du taux réduit au taux de 15% car le capital de la société n'a pas été entièrement libéré.

Éléments	Détails calculs	Montants
IS 28 %	43 000 x 28 %	12 040
IS PVLT		+ 0
IS BRUT		12 040
Réduction d'impôts sur dons		- 500
IS 2019		11 540
Acompte 2019(1)		0
IS dû 2019		11 540

(1) Rappel : Acomptes versés en 2019 = 0 € car société nouvellement créée

Date limite de paiement : 15 mai 2020

2- Simulation avec un capital entièrement libéré au 31/12/19

Dans ce cas, la société peut bénéficier du taux réduit car son chiffre d'affaires est de 365 000 € en 2019 donc inférieur à 7 630 000 €.

Éléments	Détails calculs	Montants
IS 15 %	38 120 x 15 %	5 718
IS 28 %	(43 000 – 38 120) x 28 %	+ 1 366
IS PVLT		+ 0
IS BRUT		7 084
Réduction d'impôts		- 500
IS dû 2019		**6 584**

Conclusion : nous aurions eu une économie d'impôt de 4 956 € (11 540 – 6 584)

Remarque : Ne pas pénaliser si la réduction d'impôt n'est pas prise en compte.

Printed by Amazon Italia Logistica S.r.l.
Torrazza Piemonte (TO), Italy